Masaje Sensual

Una práctica introducción

Masaje Sensual

Una práctica introducción

DENISE WHICHELLO BROWN

Publicado por EDIMAT LIBROS, S.A.
C/ Primavera, 35
Polg. Ind. El Malvar
28500 Arganda del Rey - Madrid
España

Copyright © 2000 Quantum Books Ltd.

Todos los derechos reservados.
Ninguna parte puede ser reproducida, almacenada en sistema de recuperación
o transmitida de alguna forma o por cualquier medio, electrónico, mecánico,
fotocopias, magnetofónico o de cualquier otra forma sin el permiso previo del editor.

ISBN 84-8403-657-X

QUMAISM

Título original: Sensual massage

Este libro es obra de Oceana Books
The Old Brewery
6 Blundell Street
Londres N7 9 BH

Director de creación: Rebecca Kingsley/Joyce Bentley
Redactora jefe de proyecto: Maria Costantino
Fotógrafo: Paul Forrester
Redactor: Sarah Harris
Diseñador: Omnipress/A. McColm
Traductor: Susana Escudero

¡ADVERTENCIA!

Este libro no prentende ser un sustituto del asesoramiento de un profesional
del cuidado de la salud, o de un masajista profesional. Si usted tiene alguna razón
para creer que tiene una afección que afecta a su salud, debe buscar asesoramiento
profesional. Consulte a un terapeuta de masajes cualificado, profesional del cuidado
de la salud, aromaterapeuta o a su médico antes de empezar.

contenido

introducción al masaje sensual	6
el inicio	9
contraindicaciones	14
los aceites básicos	15
el empleo de aceites esenciales eróticos	17
guía de aceites esenciales	18
los preliminares del masaje sensual	33
las técnicas del masaje sensual	35
la secuencia del masaje sensual	51
referencia rápida de los tratamientos	99
masajes sensuales para problemas comunes	102
remedios florales	108
conclusión	110
índice	111

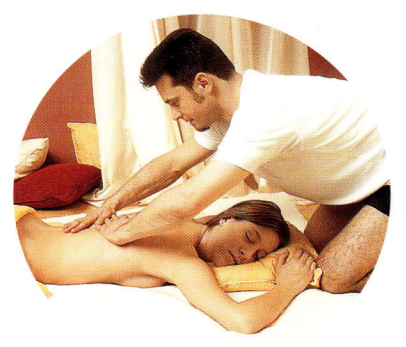

introducción al
masaje sensual

LOS BENEFICIOS DEL MASAJE SENSUAL

Durante cientos de años, los amantes han disfrutado con los placeres del masaje sensual, y el gozo de dar y recibir placer a través de caricias y roces suaves ha quedado registrado en las culturas de todo el mundo. En el clima actual de gratificación instantánea, el arte del masaje sensual es igualmente importante, dando a los amantes la posibilidad de expresar su amor de forma tierna y espiritual.

Los amantes de todo el mundo han disfrutado del masaje sensual durante cientos de años.

INTRODUCCIÓN

Los placeres del masaje sensual aparecen descritos en el *Kama Sutra* indio (nombre que significa "Escritura del Amor"). Conocido al principio como un manual de sexo aventurero, el *Kama Sutra* también hace referencia al menos explícito, pero igualmente erótico, uso de los aceites y perfumes seductores para incrementar el placer sensual.

En Egipto, el masaje sensual era muy común. Los sacerdotes poseían la habilidad de fabricar pociones de amor y las mujeres egipcias conocían a la perfección cómo podían emplearse los perfumes para la atracción sexual. En Grecia podemos recordar a la diosa Afrodita adorada como la diosa del amor, de la belleza y la sexualidad. Obviamente, de su nombre deriva el término "afrodisiaco". Del nombre de su hijo Eros viene el término "erótico". De Roma provienen Venus la diosa del amor y su hijo Cupido. La palabra "venéreo" con la acepción de deseo sexual se deriva de la palabra Venus. Los baños públicos, que eran visitados por los romanos a diario, estaban perfumados con agua de rosas, y con los aceites fragantes se frotaba el cuerpo para lograr placer sensual.

Josefina adoraba los aceites y los empleó generosamente para tentar y seducir a su amante Napoleón. Una amplia gama de pociones aromáticas fue empleada durante sus noches de pasión.

Desde los inicios de la civilización el uso del masaje junto con los aromas sensuales para despertar el deseo sexual ha sido, y aún es, extendido por todo el mundo.

El masaje empleando aceites esenciales puede proporcionar una experiencia profundamente placentera.

ADVERTENCIA IMPORTANTE

Este libro no debe ser empleado como sustituto para el tratamiento de enfermedades en aquellos casos en los que es importante que se busque la ayuda de un doctor. La información no pretende diagnosticar o tratar y deben seguirse las indicaciones de seguridad que se dan a lo largo del libro.

Con particular importancia debe evitarse que los aceites esenciales penetren internamente y debe observarse cuidadosamente todas las contraindicaciones referentes a los aceites.

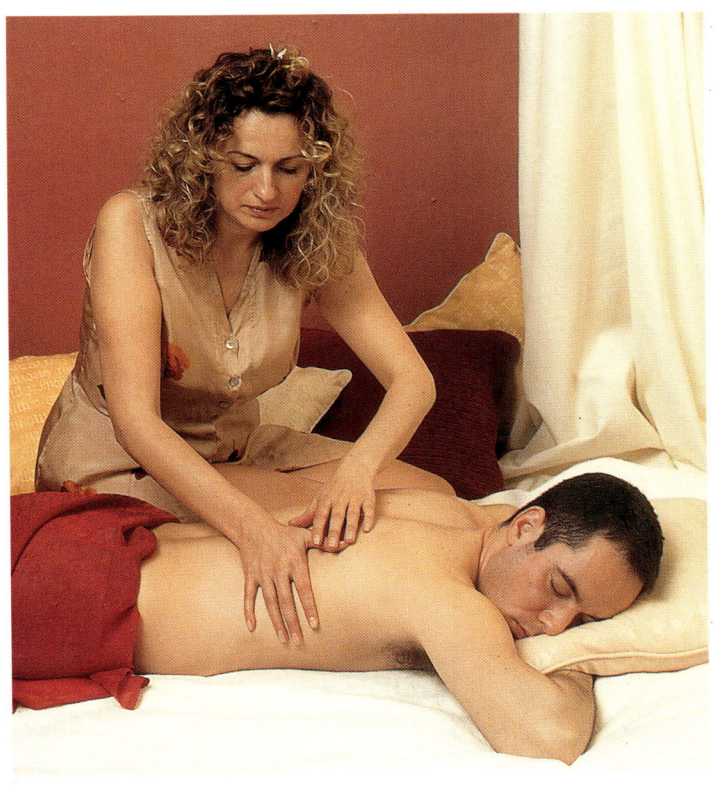

Además de ser agradable, el masaje sensual también puede promover la salud física y un sentimiento de bienestar general.

Introducción

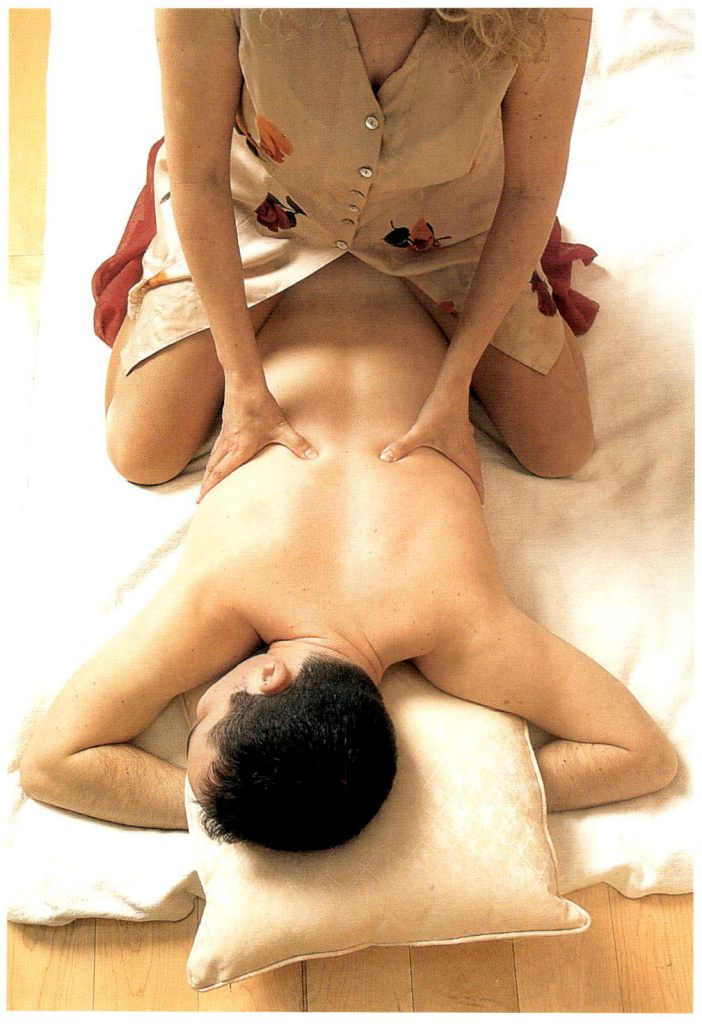

Además de constituir un preludio excitante al sexo, el masaje sensual puede ser igualmente agradable por sí mismo. Resulta una forma excelente de acercarse a su pareja.

Los beneficios del masaje sensual

Los beneficios del masaje sensual han sido conocidos durante mucho tiempo. No se trata sólo de una de las experiencias más placenteras imaginables, sino que también refuerza el sistema inmunológico, mejorando así su salud y previniendo la aparición de enfermedades.

El masaje también estimula nuestro sistema linfático, permitiendo al cuerpo eliminar toxinas de forma muy efectiva. También ayuda a la digestión, mejorando enfermedades como el estreñimiento e irritaciones del vientre, acelerando la circulación y mejorando la respiración y los desórdenes bronquiales. Los músculos se relajan, aliviando los dolores de cuello, hombros y espalda. Tranquiliza los nervios y el estrés y las tensiones diarias se desvanecen.

Incluso cuando no se realiza el acto sexual, el placer físico del tacto en la forma del masaje sensual resulta extremadamente agradable. Tanto dar como recibir un masaje resulta una experiencia altamente sensual y puede añadir una nueva dimensión a su vida sexual.

En este libro aprenderá nuevas y excitantes técnicas para introducir más diversión en las relaciones con su pareja. Descubrirá cómo atraer a su amante y crear sus pociones de amor exclusivas. Además de mejorar y armonizar sus relaciones sexuales puede estar seguro de que también está ayudando a crear y mantener un cuerpo sano y feliz.

¡Disfrute de los placeres sensuales que se encuentran en su poder!

el inicio

CÓMO CREAR UN AMBIENTE SENSUAL

Es esencial crear un ambiente romántico y sensual para el masaje, de forma que intente prepararlo con anterioridad. Escoja una hora en la que sepa que no será interrumpido. Descuelgue todos los teléfonos y no permita a los niños ni al perro o al gato que deambulen por la habitación o sus proximidades. Seleccione música que ambos puedan disfrutar mientras sea relajante o sedante, o su propia pieza especial.

Un ambiente cálido y acogedor aumentará el disfrute del masaje sensual.

El inicio

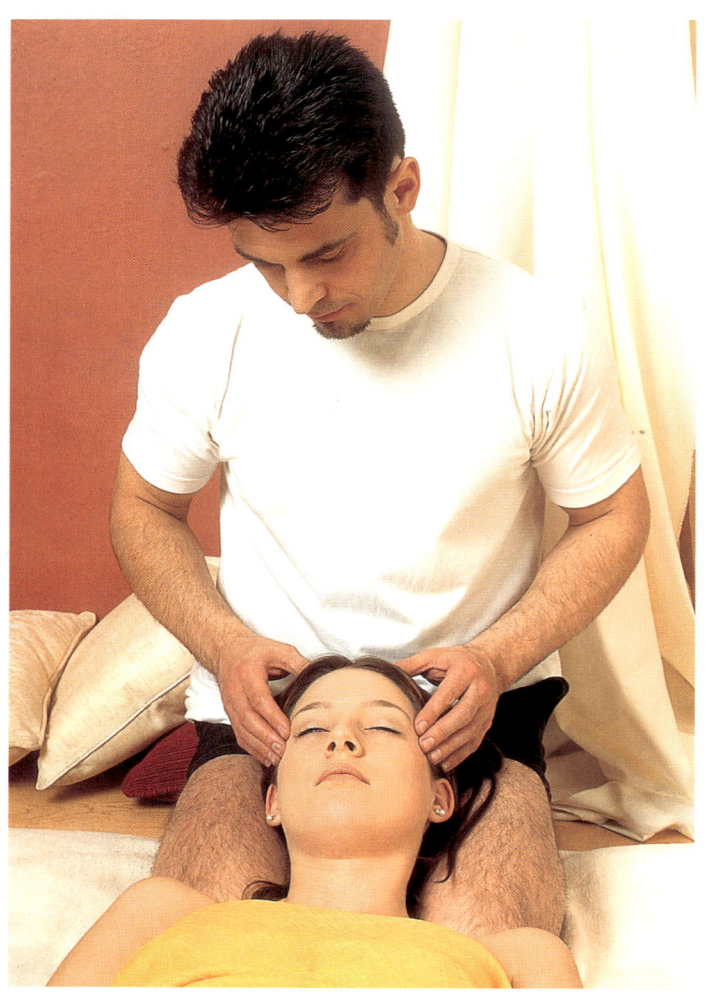

El calor

Caliente la habitación con anterioridad para que resulte cálida y atractiva. Si es usted tan afortunado de tener una chimenea abierta, el fuego de leña es ideal. Su pareja encontrará que resulta imposible relajarse si siente frío y la temperatura corporal disminuye una vez que la piel queda descubierta. Tenga suficientes colchas ligeras, toallas o mantas a su disposición para cubrir las partes del cuerpo con las que no esté trabajando. También necesitará cojines o almohadas, un pequeño recipiente y el aceite para masajes en la mano, de forma que una vez que haya iniciado el masaje no tenga que romper el contacto con su pareja.

La iluminación

La luz debe ser suave y romántica. Baje o apague las luces y encienda unas velas alrededor de la habitación para crear un ambiente perfecto. Puede decantarse por el uso de velas de color, las velas rosas potenciarán el romanticismo y la dulzura, las velas rojas pueden inducir a la pasión, y las violetas resultan profundas y misteriosas.

Asegúrese de que su pareja está relajada y el ambiente es cálido. Hágase con suficientes cojines y colchas ligeras y recuerde no perder el contacto en ningún momento durante el masaje.

Las velas ligeramente vacilantes pueden aumentar el ambiente sensual de su habitación.

EL INICIO

EL PERFUME

Perfume la habitación quemando incienso o, incluso, mejor emplee aceites esenciales. Un quemador de arcilla resulta perfecto. Ponga unas cucharaditas de agua en la parte superior del recipiente y vierta unas gotas de aceite esencial. Encienda una vela para que el embriagador aroma se difunda en la atmósfera. Puede lograr el mismo efecto colocando un plato o un pequeño tazón de agua caliente encima de un radiador encendido y añadiendo unas pocas gotas de aceite esencial al agua. Escoja cualquiera de los aceites eróticos recomendados en este libro según su preferencia en aromas o pruebe una de las siguientes recetas en su quemador.

2 gotas de rosa
2 gotas de madera de sándalo
o
2 gotas de bergamoto
2 gotas de neroli
o
2 gotas de jazmín
2 gotas de geranio
o
2 gotas de ilang-ilang
2 gotas de palisandro

También puede proceder a perfumar sus toallas, almohadas o ropa de cama. Existen varias formas de hacerlo:

- Rellene un pequeño recipiente que tenga difusor con agua de manantial, añada diez gotas del aceite esencial escogido y rocíe ligeramente sus toallas y almohadas.
- Ponga unas gotas de aceite esencial en un trozo de lana o algodón que colocará en el interior de las almohadas, o bajo sus toallas o sábanas.
- Añada unas gotas de aceite al aclarado final cuando lave sus toallas y fundas de almohada.

Los aceites más apropiados pueden ser incienso, jazmín, neroli, pachulí, rosa, sándalo e ilang-ilang, ya que todos estos aromas poseen propiedades afrodisíacas y son muy duraderos.

Unas gotas de su aceite favorito en un quemador o en un difusor proporcionarán un aroma sensual.

El inicio

Antes de comenzar el masaje, es importante concentrarse para tener la seguridad de que se encuentra completamente relajado.

La ropa

Es de vital importancia llevar ropa cómoda y suelta, preferiblemente de manga corta, para no pasar demasiado calor. Necesita ser capaz de moverse alrededor del cuerpo de su pareja libremente, ya que tendrá que cambiar su posición con frecuencia. Una camiseta suelta resulta ideal, pero cualquier prenda que no oprima es válida. Para un mayor confort vaya descalzo y quítese el reloj, los anillos, pulseras y collares que puedan arañar la piel de su pareja. Su pareja deberá desnudarse hasta el punto en el que ambos consideren apropiado, por lo menos en ropa interior.

La concentración

Si va a dar un masaje resulta esencial mantener un estado de mente relajado. Si se siente irritado, cansado o deprimido transmitirá sus sentimientos negativos a su pareja. Por tanto, antes del masaje debe intentar vaciar completamente su mente de todos los problemas y pasar un cierto tiempo relajándose conscientemente.

Túmbese o siéntese cómodamente con la espalda recta y respire profundamente unas cuantas veces desde el abdomen, permitiendo que toda la tensión mental y física salga de su cuerpo. Si algún pensamiento se asoma a su mente, simplemente apártelo.

Permanezca en esta posición relajada concentrándose en su respiración profunda durante unos minutos hasta que se sienta completamente relajado. Respire en paz y relax mientras suelta el aire y deja salir la tensión de su mente y su cuerpo.

EL INICIO

LA SUPERFICIE PARA EL MASAJE

El masaje sensual puede tener lugar en una cama o en una superficie firme y acolchada. Extienda en el suelo un edredón grueso, dos o tres mantas, o un saco de dormir. Emplee muchos cojines o almohadas para que su pareja esté cómoda y relajada durante el masaje.

Cuando su pareja esté tumbada sobre la espalda coloque un cojín o almohada bajo la cabeza y otro bajo las rodillas, para disminuir la presión sobre la parte inferior de la espalda. Cuando su pareja se tumbe boca arriba sitúe una almohada o cojín bajo los hombros, una bajo los tobillos y otra bajo el abdomen si se desea.

Para su propia comodidad, y para evitar el dolor de rodillas, asegúrese de que tiene algo sobre lo que apoyarse también. Necesitará estar igual de relajado que su pareja.

Asegúrese de que su pareja tiene suficientes cojines para su comodidad, de no ser así se echaría a perder el ambiente sensual.

E L I N I C I O

CONTRAINDICACIONES

Cuándo no se debe dar un masaje

Existen algunas ocasiones en las que no debería dar un masaje o debería tener un cuidado especial. Si su pareja presenta alguna de las siguientes condiciones, espere hasta que la situación se haya aliviado.

1. Fiebre y temperatura alta.
2. Infecciones de la piel, como tiña o sarna. El acné, la psoriasis y los eccemas no son infecciosos.
3. Erupciones cutáneas, cortes abiertos y heridas; es preciso evitar el área afectada.
4. Cardenales: trabaje alrededor del cardenal para ayudar a dispersarlo.
5. Venas varicosas avanzadas: no trabaje directamente sobre ellas o causará una inflamación y un dolor mayores.
6. Cicatrices recientes (las cicatrices antiguas pueden ser masajeadas).
7. Trombosis o flebitis: pueden presentarse coágulos de sangre y el masaje puede moverlos con serias consecuencias.
8. Embarazo: emplee sólo movimientos ligeros sobre el abdomen durante el embarazo.
9. Bultos y protuberancias: asegúrese de que los examina un especialista.

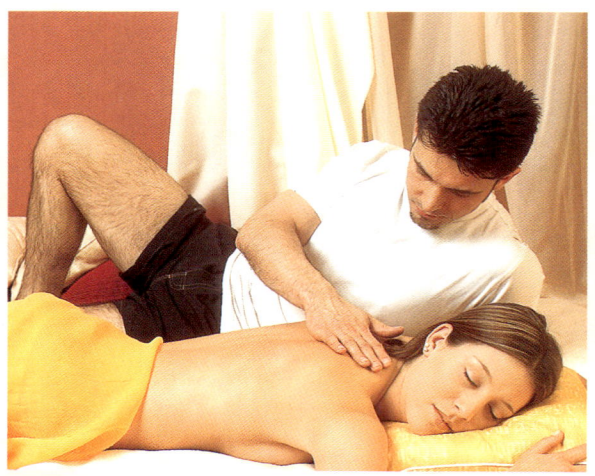 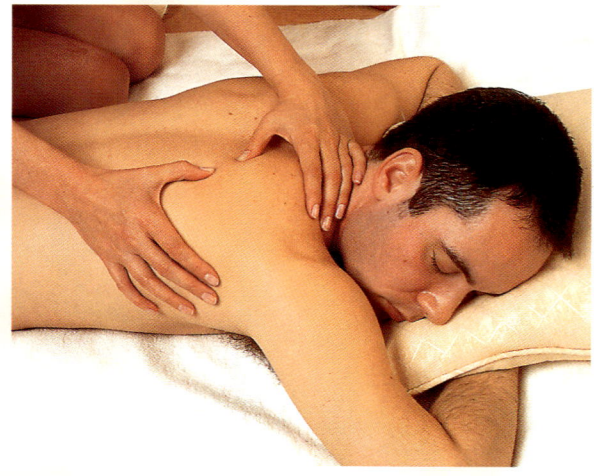

los aceites
básicos

Para permitir que sus manos se desplacen fácilmente por todos los contornos del cuerpo sin impedimentos necesitará trabajar con un aceite básico. El aceite básico (también conocido como aceite fijo o transportador) debería estar prensado al frío (es decir, no modificado por el calor), sin refinar y sin aditivos. El aceite básico debe ser un aceite vegetal, de huesos de los frutos o de semillas. Estos aceites contienen vitaminas, minerales y ácidos grasos que enriquecen la piel y son absorbidos con facilidad. No emplee aceites minerales, como aceite para bebés, que no se absorben igual de bien y tienden a taponar los poros. Los aceites minerales carecen de la calidad natural de los aceites vegetales y pueden actuar como una barrera.

Existe una amplia gama disponible de aceites básicos. Los aceites más ligeros, como el de almendras dulces, núcleo de albaricoque, pepitas de uva, azafrán, girasol o soja, son los más indicados para el masaje y pueden emplearse en un 100 por 100. Los aceites más pesados y enriquecidos, como el de jojoba, aguacate y germen de trigo, son demasiado pegajosos para emplearlos solos, aunque pueden ser añadidos en pequeñas cantidades para mejorar la absorción y enriquecer la piel. Puede ser que desee evitar los aceites básicos con un olor muy intenso, como los de sésamo y nuez.

Los aceites básicos son necesarios para mezclar con los aceites esenciales, de forma que sus manos puedan moverse fácilmente por el cuerpo de su pareja.

El aceite de almendras dulces es probablemente el aceite básico más común.

A continuación se ofrece una breve guía de algunos de los aceites básicos más comunes. Pueden emplearse en un 100 por 100 como aceites básicos.

Aceite de almendras dulces

Probablemente el aceite básico más extendido, favorecido por Josefina, la esposa de Napoleón, y la industria de la belleza. Resulta muy apropiado, ya que se absorbe con facilidad, no tiene un olor fuerte y no resulta pesado en absoluto.
Contenido: Rico en vitaminas, incluyendo la vitamina E y ácidos grasos.
Usos: Para todos los tipos de piel, especialmente secas, sensibles, inflamadas o envejecidas prematuramente. Buena para pieles con picores.

Los aceites básicos

Aceite de albaricoque

Se trata de un aceite pálido y amarillento, similar al de almendras dulces, aunque más caro, ya que su producción es menor.

Contenido: Vitaminas, minerales y ácidos grasos.

Usos: Para todos los tipos de piel, especialmente las secas y sensibles. Ideal como aceite facial o hidratante natural, ya que ayuda a nutrir y regenerar la piel.

Los siguientes pueden añadirse, si se desea, en pequeñas cantidades (aproximadamente un 10 por 100).

Jojoba

Aceite amarillo, pesado y muy penetrante cuyo empleo ha sido muy extendido por la industria cosmética tanto en productos para la piel como para el pelo. Costoso pero efectivo.

Contenido: Proteínas, minerales, vitaminas y una sustancia cerosa que imita al colágeno.

Usos: Para todos los tipos de piel, incluso con eccemas, psoriasis y otras enfermedades cutáneas.

Aguacate

Aceite de un rico color verde oscuro; si es amarillento ha sido refinado y no merece la pena comprarlo. Es muy viscoso y penetrante.

Contenido: Vitaminas A, B y D, lecitinas y ácidos grasos.

Usos: Muy nutritivo. Ideal para pieles secas, deshidratadas y maduras.

Asegúrese de que el aceite de aguacate es verde oscuro, no lo compre si presenta un color amarillo.

Germen de trigo

Un aceite de un rico color marrón anaranjado, muy nutritivo, pero tiene un olor muy fuerte.

Contenido: Vitamina E, proteínas, minerales.

Usos: En mezclas prolonga la duración de éstas, dadas sus características antioxidantes y conservantes. Indicada en casos de pieles secas y agrietadas, pieles maduras, eccemas y psoriasis. Previene las marcas de la edad y el envejecimiento prematuro.

La adición de aceites esenciales al aceite básico supone una forma excelente de enriquecer el masaje.

La vitamina E que contiene el aceite de germen de trigo resulta muy apropiada para la piel seca o irritada.

Lista resumen

Lo que necesita para un masaje sensual:
- Paz y tranquilidad.
- Una habitación caldeada.
- Luces suaves o velas.
- Un edredón grueso, sacos de dormir y mantas para crear una superficie firme y bien acolchada.
- Un quemador de aceite, si lo tiene.
- Algunas toallas.
- Almohadas y cojines
- Aceites básicos y aceites esenciales
- Un pequeño recipiente o una botella con apertura fácil.

el empleo de los aceites esenciales eróticos

Los aceites esenciales pueden enriquecer en gran medida un masaje sensual y despertar el apetito sexual. La combinación de tacto y aroma es muy potente. Sin embargo, es vital recordar que los aceites esenciales puros se encuentran muy concentrados y que NUNCA deben ser aplicados sin diluir. Deberían mezclarse con un aceite básico apropiado en su justa medida. Por favor, tenga en cuenta las siguientes indicaciones:

- 3 gotas de aceite esencial por cada 10 mililitros de aceite básico.
- 4 ó 5 gotas por cada 15 mililitros de aceite básico.
- 6 gotas por cada 20 mililitros de aceite básico.

Una cucharadita contiene aproximadamente 5 mililitros y un masaje sensual completo nunca debería precisar más de 4 cucharaditas de aceite básico (es decir, 20 mililitros). No ceda a la tentación de emplear una cantidad mayor de aceite esencial. Esto no ayudará a hacer la fórmula más efectiva y podría crear un efecto desagradable como el de una reacción cutánea.

Para empezar, escoja sólo UNO de los 15 aceites esenciales señalados. Una vez mezclada la poción amorosa, restriegue una pequeña cantidad en la mano de su amante y huélala. Si el aroma resulta placentero a los DOS entonces pueden emplearlo; sólo si ambos disfrután del aroma el masaje tendrá el efecto deseado. No puede decirse que un aceite esencial en particular guste a todo el mundo, la preferencia en materia de aromas es cuestión de gusto personal. Después de haber adquirido varios aceites esenciales pruebe a mezclar dos o tres para crear sus propias recetas.

La combinación de tacto y aroma es irresistible y mejora el placer sensual.

OTRAS FORMAS DE EMPLEAR LOS ACEITES ERÓTICOS

Existen numerosas formas de emplear los aceites esenciales. Algunas de las técnicas más simples y más efectivas para usted y su pareja se indican a continuación:

El BAÑO: Rellene la bañera y vierta SEIS gotas del aceite escogido sin diluir. Remueva minuciosamente y cierre la puerta para que los preciosos vapores no puedan salir. Sumérjase en el baño y deje que le envuelvan los aromas. También podría rodear la bañera de velas y pedir a su pareja que se una a usted.

Los baños SITZ y los BIDÉS: Los baños Sitz son muy beneficiosos en casos de cistitis, secreciones vaginales, afta, etc. También tienen un valor incalculable en la protección contra infecciones y virus. Añada simplemente seis gotas de aceite esencial a un bidé o un recipiente con agua caliente. Agite a conciencia y siéntese unos diez minutos.

El PERFUME: Si perfuma la habitación con aceites esenciales creará un ambiente sensual perfecto.

Los aceites que aparecen a continuación están ordenados alfabéticamente por su nombre latino.

EL EMPLEO DE LOS ACEITES ESENCIALES ERÓTICOS

INCIENSOS

Nombre latino: *Boswellia thurifera*
Familia: Burseráceas
Nota: Base
Método de extracción: Destilación de la goma procedente de la corteza del árbol.

Indicaciones sensuales

El aroma apasionante y persistente del incienso es capaz de elevar las emociones, aunque también resulta algo sedante. Se trata de un aceite de cambio y liberación, que permite disipar suavemente los traumas y ansiedades antiguos. En algunas ocasiones, incluso cuando finaliza una relación, uno o ambos amantes pueden seguir agarrados a los recuerdos y albergar sentimientos de tristeza, remordimientos, culpa o fracaso. Es vital cortar los lazos con una relación antes de embarcarse en una nueva si desea tener éxito. Las dificultades experimentadas con un amante, si se dejan sin resolver, volverán a surgir y crearán problemas. El incienso es el aceite de la iluminación, que permite a estas emociones profundamente asentadas emerger a la superficie y desaparecer.

El incienso es un aceite esencial profundo y misterioso que gozó de una gran acogida en el antiguo Egipto. Resulta ideal para reavivar la pasión en una relación estancada. Con la ayuda del incienso no existe ninguna razón por la cual una pareja debería aburrirse en el amor.

Otros usos

- Infecciones urinarias, cistitis, afta, amenorrea, dismenorrea o menorragia.
- Excelente para el cuidado de la piel debido a sus propiedades rejuvenecedoras que previenen el envejecimiento, revitalizan la piel madura y ayudan a reducir las arrugas. Añada unas gotas a su hidratante o a un bote de crema orgánica pura para la piel.

Contraindicaciones

Ninguna.

ILANG-ILANG

Nombre latino: *Canaga odorata*
Familia: Anonáceas
Nota: Base
Método de extracción: Destilación de las flores recién cortadas.

Indicaciones sensuales

El ilang-ilang es conocido por sus propiedades afrodisiacas hasta el punto de que en Indonesia estas flores adornan las camas de los recién casados. Disipa cualquier aprensión que pueda tener la pareja y crea un cierto sentimiento de euforia.

Este aceite es profundamente relajante y resulta excelente para relajar las ansiedades y las tensiones. La ira, que puede estar presente por las frustraciones del día, puede ser rápidamente inhibida y suprimida.

Los miedos también pueden ser aliviados con un masaje sensual a base de aceite esencial de ilang-ilang. Para aquellas mujeres que temen la intimidad bien porque son inexpertas o por traumas anteriores este aceite resulta muy recomendable. Suavemente funde los miedos, estimulando la aparición de un profundo estado de relajación.

El aroma resulta sumamente exótico, dulce y erótico, y el ilang-ilang se emplea extensivamente en alta perfumería. Si emplea ilang-ilang en su masaje sensual, puede probar a doblar la cantidad y emplearlo como perfume posteriormente para atraer a su pareja.

Otros usos

Para la piel, todo tipo de cuidados, en particular para pieles grasas. El ilang-ilang también favorece el crecimiento del pelo, unas gotas en el último aclarado dejarán un aroma sensual y duradero.

Contraindicaciones

Procure no exceder la dosis recomendada o el aroma apasionado del ilang-ilang provocará dolor de cabeza.

Cedro blanco

Nombre latino: *Cedrus atlantica*
Familia: Pináceas
Nota: Base
Método de extracción: Destilación de la madera

Indicaciones sensuales

El delicioso aroma a madera de este aceite esencial permitirá que usted y su pareja se relajen poco a poco tras un día estresante. Este aceite calmante y relajante resulta beneficioso para todos los estados de tensión y ayuda a fundir toda la ira y la frustración.

La madera del cedro blanco resulta una opción muy acertada tanto para hombres como para mujeres y es particularmente útil para prolongar la estimulación erótica que antecede al acto sexual. Es un aceite sedante que contribuye a calmar la mente y les permitirá experimentar una relajación y una satisfacción totales.

Otros usos

Recomendado para el tracto urinario, alivia sensaciones de quemazón y picores que pueden surgir en infecciones y secreciones vaginales. Vierta 4 ó 5 gotas de cedro blanco en un recipiente con agua caliente o un bidé y siéntese en él durante aproximadamente 10 minutos para obtener el máximo beneficio.

Contraindicaciones

- Se recomienda evitarlo durante el embarazo.
- Existen dos variedades de cedro, el de Texas y el de Virginia, que pueden provocar una excesiva sensibilización de la piel.

Neroli (Naranjo amargo)

Nombre latino: *Citrus aurantium var. amara*
Familia: Rutáceas
Nota: Base
Método de extracción: Destilación de las flores

Indicaciones sensuales

La fragancia deliciosa, dulce y floral de este aceite lo hace muy conocido (si bien caro) como afrodisiaco. Las flores del naranjo amargo han sido empleadas tradicionalmente en ramos de novia para evitar los nervios y las aprensiones previas a la noche de bodas. El aceite de neroli se emplea extensivamente en alta perfumería debido a su exquisito aroma.

Este aceite es uno de los remedios más efectivos para los problemas emocionales y puede emplearse en cualquier desorden relacionado con el estrés. Puede incluso acabar con ciertos ataques de pánico. Si su pareja es muy miedosa o tiene una aversión hacia el contacto corporal o las innovaciones en el sexo, el neroli resulta la opción perfecta. Si se abusa de él, el terror puede llevar a la frigidez y otras emociones negativas, como la culpabilidad. El neroli puede contribuir a aliviar y curar las cicatrices emocionales que persistan, y sustituirlas por un sentimiento de euforia y confianza.

Otros usos

Para el cuidado de todos los tipos de piel, especialmente sensibles y maduras. El neroli rejuvenece y hace maravillas con las arrugas. También puede ayudar a prevenir marcas de la edad y reducir las cicatrices.

Contraindicaciones

Ninguna.

BERGAMOTO

Nombre latino: *Citrus bergamia*
Familia: Rutáceas
Nota: Base
Método de extracción: Expresión de la piel de la fruta.

Indicaciones sensuales

El bergamoto posee un maravilloso aroma refrescante y dulcemente cítrico. Tiene un efecto potente sobre las emociones, eleva la mente y alivia los estados de depresión y negatividad. Ayudará a inspirar confianza y estimula a aquellos con un bajo apetito sexual.

El bergamoto es capaz de abrir el corazón y curar las viejas heridas, y resulta ideal para las nuevas relaciones en las que uno o los dos miembros de la pareja aún están recuperándose de los desagradables efectos posteriores de una relación previa.

También resulta útil en las relaciones en las que ha disminuido la excitación del acto sexual. Contribuye a añadir una nueva chispa en su vida amorosa.

Otros usos

El bergamoto tiene una fuerte afinidad con el sistema genitourinario y es muy valioso en el alivio, así como en la prevención de cistitis, disfunciones vaginales y enfermedades de transmisión sexual como el herpes. Añada 4 ó 6 gotas en un recipiente con agua caliente o un bidé, mezcle minuciosamente y siéntese durante unos diez minutos. Repita este procedimiento al menos dos veces al día hasta que remita la infección.

Contraindicaciones

No aplique bergamoto antes de tomar el sol, ya que incrementa la fotosensibilidad de la piel.

JAZMÍN

Nombre latino: *Jasminum officinale*
Familia: Oleáceas
Nota: Base
Método de extracción: Extracción soluble de las flores

Indicaciones sensuales

El jazmín es considerado a menudo como el rey de los aceites esenciales. Despierta el seductor o la seductora que se encuentra en usted. Una mujer jazmín es atractiva, irradia confianza y fuerza, y resulta irresistible para cualquier hombre. Ayuda a despertar todos los deseos sexuales escondidos y resulta uno de los afrodisiacos más conocidos.

El aroma exquisito, exótico y apasionado es muy apropiado para inducir al optimismo, la confianza y la euforia. Aunque resulta muy caro, supone una inversión muy interesante. Dese el gusto y libere sus inhibiciones.

Allí donde existe una pérdida de la libido, el jazmín puede aliviar la frigidez y la impotencia. También ayuda a reforzar los órganos sexuales masculinos y por tanto resulta muy indicado para problemas como la eyaculación precoz.

El jazmín es excelente para problemas de infertilidad. No sólo alivia el estrés y la ansiedad (que suele rodear el deseo de tener un bebé), sino que incrementa la producción de semen.

Otros usos

- Ante el nacimiento de un bebé el jazmín alivia los dolores, ayuda en el parto, previene la depresión postparto y estimula una buena provisión de leche.
- Reduce las marcas de la edad y las cicatrices.

Contraindicaciones

Ninguna.

Mirto o Arrayán

Nombre latino: *Myrtus communis*
Familia: Mirtáceas
Nota: Media
Método de extracción: Destilación de las hojas, ramas y flores

Indicaciones sensuales

En la mitología griega Afrodita, la diosa del amor, escogía ramas de mirto para ocultar su cuerpo desnudo, y resulta fascinante que el mirto tenga hojas con forma de vagina. Siglos atrás, el *Kama Sutra* sugería que el mirto podía emplearse para evocar el deseo sexual. Parece ser que el mirto permite a una mujer contactar con la energía de la diosa Afrodita, con su energía sensual interior.

Ponga seis gotas en la bañera para inducir no sólo al deseo sexual sino también a un estado de relajación. El mirto alivia la ira y las frustraciones y contribuye a que sienta el control de su propia sexualidad. Este inspirador aceite esencial permite a una mujer saber lo que quiere y le da la habilidad de expresar sus deseos sexuales.

El mirto resulta un aceite excelente para estimular el sistema inmunológico y puede ofrecer protección adicional contra las enfermedades de transmisión sexual.

Otros usos

- Para el cuidado de la piel. En el siglo XVI, el mirto era uno de los ingredientes principales del "Agua de Ángel", empleada en lociones como tónico y astringente.
- En casos de enfriamientos, catarros y gripe restriéguese por el pecho y por la espalda.

Contraindicaciones

Ninguna.

Geranio

Nombre latino: *Pelargonium graveolens*
Familia: Geraniáceas
Nota: Media
Método de extracción: Destilación de las flores, hojas y tallos

Indicaciones sensuales

Las propiedades equilibrantes del geranio resultan particularmente beneficiosas para las mujeres, muy partidarias de este aceite esencial. Es un aceite excelente para todos los problemas femeninos, particularmente el síndrome premenstrual y la infertilidad, y también para disipar la ansiedad y las aprensiones.

Puede ser útil al comienzo de una relación cuando uno o los dos miembros de la pareja se sienten nerviosos ante los que les depara el futuro. Si alguno de ellos ha roto recientemente su anterior relación, o se siente rechazado, las propiedades curativas del geranio ayudarán a suavizar las heridas pasadas y a infundir moral.

En una relación tormentosa, el geranio es excelente para crear un estado de armonía entre los sexos. Calma la ira, las frustraciones y las agresiones, estableciendo una atmósfera de paz y satisfacción.

Otros usos

- Venas varicosas
- Excelente para todos los tipos de piel, ya sean grasas, secas o mixtas. Añada unas gotas a su crema hidratante habitual.

Contraindicaciones

Ninguna.

Pimienta negra

Nombre latino: *Piper nigrum*
Familia: Piperáceas
Nota: Media
Método de extracción: Destilación de los granos de pimienta, una vez secos y prensados.

Indicaciones sensuales

El aroma picante, ardiente y algo acre de la pimienta negra es ideal para despertar y avivar el deseo sexual. Es uno de los aceites esenciales más efectivos para aliviar la impotencia y estimular la energía sexual masculina. La impotencia resulta un problema para la mayoría de los varones en cierta etapa de su vida y puede deberse a tensiones, cansancio físico o emocional, o falta de confianza. El aroma de la pimienta estimulará tanto al cuerpo como a la mente para que entren en acción. La pimienta negra tiene la habilidad de proporcionar fuerza y resistencia, y por tanto puede ser útil en casos de eyaculación precoz.

Otros usos

- Circulación pobre.
- Todo tipo de dolores musculares.
- Desórdenes digestivos como estreñimiento; cuando sea necesario dé un masaje en el abdomen en la dirección de las agujas del reloj.

Contraindicaciones

Ninguna.

EL EMPLEO DE LOS ACEITES ESENCIALES ERÓTICOS

PACHULI

Nombre latino: *Pogostemon cablin*
Familia: Labiáceas
Nota: Base
Método de extracción: Destilación de las hojas

Indicaciones sensuales

El pachulí era un aceite muy popular en los años sesenta, debido a los "hippies", que abogaban por el amor y la paz. La mayoría de las personas amarán u odiarán este aroma terrenal, húmedo y fuerte, semejante a un buen vino que indudablemente mejora con la edad.

Este aceite es conocido por sus éxitos en el tratamiento de la impotencia y especialmente en la frigidez, aunque resulta imprescindible oler su fragancia en primer lugar. Si no le agrada el olor, obviamente no tendrá ningún efecto en usted. El pachulí resulta particularmente indicado para aquellas mujeres con una respuesta sexual baja y puede ayudar a las que nunca han experimentado un orgasmo.

El pachulí tiene cierto aire de misterio que puede ayudar a las parejas estancadas llevando creatividad a su relación sensual. El sexo es una aventura interminable con todo una gama de nuevas experiencias ante usted.

Las propiedades antisépticas y antifungales del pachulí le hacen muy indicado para las infecciones vaginales y aftas. Ponga 4 ó 6 gotas en un bidé o en un recipiente con agua caliente y siéntese unos diez minutos.

Otros usos

- Para el cuidado de la piel, especialmente pieles secas, agrietadas, infecciones, alergias, como los eccemas y las pieles maduras.

Contraindicaciones

Ninguna.

27

Palisandro

Nombre latino: *Aniba rosaeodora*
Familia: Lauráceas
Nota: Media
Método de extracción: Destilación de las astillas de la madera

Indicaciones sensuales

El aroma a madera, dulce y floral del palisandro puede llevar la paz y la tranquilidad a una mente preocupada. Resulta maravilloso como antidepresivo, elevando el cuerpo y la mente y disipando el letargo y el agotamiento. Un masaje sensual al final de un día estresante es la forma perfecta de desconectar y prepararse para una noche de pasión.

El palisandro es un notable afrodisiaco, que ayuda a combatir la frigidez y la impotencia. El toque picante de su aroma puede inyectar vida nueva en una relación estancada, reavivando los sentimientos sensuales. Este aceite esencial también resulta incalculable para disipar los bloqueos emocionales. En los casos en los que uno o los dos miembros de la pareja han sido abandonados en relaciones anteriores, pueden existir barreras para protegerse contra futuros traumas o rechazos. El palisandro puede contribuir a romper esas barreras.

Otros usos

- Estimula el sistema inmunológico.
- Para el cuidado de todos los tipos de piel. El palisandro rejuvenece la piel. Añada unas gotas a su hidratante para prevenir el envejecimiento y acabar con las arrugas.

Contraindicaciones

Ninguna.

Rosa

Nombre latino: *Rosa damascena/centifolia*
Familia: Rosáceas
Nota: Base
Método de extracción: Destilación de los pétalos frescos

Indicaciones sensuales

La rosa se evoca a menudo como la "reina de los aceites esenciales" y se asocia tradicionalmente con Venus, la diosa del amor y la belleza. Este aceite, que desgraciadamente se encuentra en forma sintética casi siempre, forma parte de casi todos los perfumes femeninos y en casi un 50 por 100 de las fragancias masculinas. Su reputación como afrodisiaco es indiscutible.

El aroma profundo, rico y dulce del aceite de rosa cautivará a cualquier mujer. Aunque resulta caro, merece la pena adquirirlo. Supone una práctica común enviar una docena de rosas para expresar el amor, pero una pequeña botella de aceite esencial de rosa durará más tiempo y traerá incluso más placer. Sea siempre reticente a comprar un aceite de rosa a bajo precio, ya que probablemente será sintético y no tendrá los mismos resultados.

La rosa tiene un efecto profundo sobre las emociones, aliviando la amargura y el resentimiento. Puede por tanto resultar útil para liberar cualquier sentimiento que permanezca enquistado de relaciones pasadas. Hace a una mujer sentirse muy femenina y optimista sobre sí misma, y por ello resulta útil en casos de baja estima o la sensación de suciedad que puede producirse después de una violación. La rosa es el aceite más efectivo para la infertilidad. Prepara el útero para la concepción e incrementa la producción de semen en el hombre.

Otros usos

- Para todos los tipos de piel, especialmente secas, maduras, sensibles y venosas.
- Indicada en todos los problemas femeninos: menopausia, síndrome premenstrual, menorragia o amenorrea

Contraindicaciones

Ninguna.

Salvia romana o Amaro

Nombre latino: *Salvia sclarea*
Familia: Labiadas
Nota: Media
Método de extracción: Destilación de las hojas y tallos superiores.

Indicaciones sensuales

La salvia romana es un conocido afrodisiaco capaz de aumentar la libido tanto en hombres como en mujeres. El embriagador aroma penetrante y dulce de este aceite tiene un efecto sedante, si bien eufórico, sobre la mente, disipando la debilidad general, ya sea física, mental, nerviosa o sexual.

Un sistema nervioso relajado siempre responderá con mayor rapidez que un sistema sobrecargado. La salvia romana es útil para las dificultades en la erección, particularmente cuando se relacionan con la ansiedad y la tensión.

La salvia romana inculca un estado de bienestar y optimismo y resulta inestimable cuando la vida es particularmente difícil. Proporciona una alternativa a los tranquilizantes y una o dos gotas en un pañuelo pueden ser inhaladas en lugar de algunos fármacos como el Valium o el Prozac.

Si un amante se muestra inseguro, temeroso o asustadizo y pone barreras a cualquier innovación sexual, la salvia romana es un aceite excelente para romper estas barreras.

La salvia romana también resulta efectiva para aumentar la infertilidad tanto masculina como femenina.

Otros usos

- Síndrome premenstrual, dismenorrea y menorragia.
- La salvia romana actúa como un tónico para el útero y ayuda a equilibrar las hormonas.

Contraindicaciones

No consuma alcohol y salvia a la vez, ya que puede provocarle dolores de cabeza y pesadillas, así como aumentar los efectos del alcohol.

SÁNDALO

Nombre latino: *Santalum album*
Familia: Santaláceas
Nota: Base
Método de extracción: Destilación de la madera

Indicaciones sensuales

El sándalo ha sido empleado durante cientos de años en todo Oriente. En India se usa en la medicina ayurveda y se combina con la rosa para crear un perfume denominado "aytar". Tanto hombres como mujeres encuentran irresistible el aroma a madera suave y dulce del aceite de sándalo, que presenta una opción ideal para el masaje sensual.

Este aceite esencial es profundamente relajante, muy conocido por su habilidad para aliviar la tensión. Mientras da un masaje con sándalo le parecerá que cubre el cuerpo con un brillo cálido y le envuelve una sensación de profunda satisfacción. Es un aceite sedante y tranquilizador, muy apreciado por fomentar la armonía en una relación tormentosa. Pruébelo después de un desacuerdo y verá cómo calma y suaviza la situación.

El sándalo es increíblemente seductor y ayuda a combatir la impotencia y la frigidez. Puede aumentar la respuesta inicial y elevar su vida sexual a nuevas alturas. Ambos se sentirán tan relajados que se prolongará el acto sexual evitando así una eyaculación prematura. El sándalo es uno de los mejores aceites para el tratamiento de las infecciones genito-urinarias, hasta el punto de que se pueden verter 4 ó 6 gotas en un baño Sitz o en un recipiente con agua caliente a diario para prevenir la aparición de infecciones.

Otros usos

Para la piel, en particular resulta muy buena para la piel seca o agrietada. Puede mezclarse con aceite básico para obtener un excelente bálsamo para después del afeitado.

Contraindicaciones

Ninguna.

Jengibre

Nombre latino: *zingiber officinale*
Familia: Zingiberáceas
Nota: Superior
Método de extracción: Destilación de la raíz seca y sin pelar

Indicaciones sensuales

Éste es sin duda el aceite que pondrá un poco de picante en su relación amorosa. Si se siente aburrido o atascado, el aroma picante característico del jengibre añadirá una nueva dimensión a su vida sexual.

El jengibre es uno de los mejores aceites para tratar la impotencia masculina y la debilidad en las erecciones. A menudo el apetito puede ser normal, existiendo un fuerte deseo de hacer el amor, pero la capacidad no es suficiente. En los casos en los que no existe respuesta sexual o ésta despierta de una forma muy lenta y forzada, el jengibre es muy recomendado. Las propiedades ardientes y apasionadas pueden contribuir a combatir no sólo la incapacidad física sino también la frialdad y el desinterés sexual.

El jengibre llenará de coraje al hombre, por lo que resulta indicado para aquellos varones que en una relación anterior hayan visto su confianza mermada por amantes que les dijeron que "no eran lo suficientemente buenos".

En una relación nueva suele ser habitual sentirse algo nervioso. El jengibre es un remedio clásico para las náuseas que ayudará a asentar el sistema digestivo y los nervios y a restaurar la confianza.

Otros usos

- Circulación pobre.
- Dolores musculares en los que se requiere un alivio del dolor, rigidez y frío en las articulaciones.

Contraindicaciones

Ninguna.

los preliminares del masaje sensual

Una vez que se sienta cómodo con las técnicas básicas del masaje, disfrute experimentando para crear sus propios movimientos.

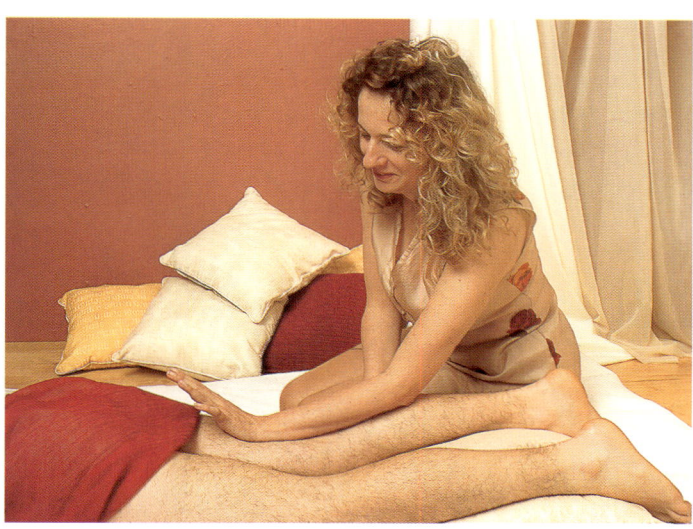

Las manos y el aceite fríos pueden echar a perder la predisposición de su pareja, de forma que caliente siempre el aceite en la mano antes de aplicarlo.

Existen muchas técnicas de masaje diferentes. La magia del masaje consiste en que es simple e intuitivo. Estas técnicas básicas le permitirán realizar un masaje sensual completo. Una vez que domine estos movimientos descubrirá que puede inventarse los suyos propios.

APLICAR EL ACEITE

El aceite NUNCA deberá ser vertido directamente sobre el cuerpo. Esto podría resultar especialmente desagradable si el aceite está frío. En la medida de lo posible caliente el aceite con anterioridad poniéndolo encima de un radiador, enfrente de un calentador o dentro de un recipiente con agua caliente. El aceite puede guardarse en una botella de fácil apertura o puede verter una pequeña cantidad en un platillo pero tenga cuidado de no tirarlo.

Caliente sus manos antes de comenzar frotándolas vigorosamente o sumergiéndolas en agua caliente durante unos minutos. Entonces vierta una pequeña cantidad (como media cucharadita) en la palma de una mano. Restriegue el aceite en las manos para calentarlo ligeramente antes de aplicarlo. Baje sus manos suavemente y comience a extender el aceite empleando uno de los movimientos descritos en este capítulo. Una vez que ha hecho contacto con su pareja, no lo interrumpa o destruirá la continuidad del masaje. Lo ideal sería que su masaje pareciera un continuo flujo de movimientos. Si necesita más aceite, asegúrese de que mantiene una mano en contacto con el cuerpo.

Un error muy común consiste en emplear demasiado aceite básico que puede hacer que su pareja se sienta incómoda y pegajosa, además de que la ropa pueda mancharse. También es casi imposible realizar alguna de las técnicas básicas con demasiado aceite.

Antes de que aprenda a fondo la técnica del masaje, aquí le presentamos una guía básica para ayudarle.

33

CONSEJOS PARA EL MASAJE

- Concéntrese antes del masaje de forma que esté totalmente relajado. Nunca dé un masaje cuando se encuentre enfadado, ansioso o abatido.
- Lave y caliente las manos antes de comenzar.
- Compruebe que las uñas sean cortas y que estén limpias.
- Quítese todas las joyas para evitar arañazos.
- Intente que su masaje parezca un movimiento continuo.
- Moldee sus manos a los contornos del cuerpo.
- Cuando dé un masaje, pida a su pareja que le diga si disfruta en particular con un movimiento o si encuentra alguno de ellos incómodo. El masaje siempre debe ser placentero. Restrinja la conversación al mínimo.
- Experimente con diferentes presiones, varíelas de suave a más fuerte según la presión que le guste a su pareja. Nunca ejerza una presión demasiado fuerte en los huesos.
- Pruebe con diferentes ritmos, lento y regular o firme y enérgico.
- Trabaje con los ojos cerrados para aumentar y realzar la sensibilidad.
- Una vez que ha establecido contacto con su pareja intente no romperlo. Si necesita más aceite o desplazarse de un lado del cuerpo, al siguiente intente mantener una mano en contacto.
- Mientras da el masaje, sea consciente de su propia postura de forma que no se haga daño o realice esfuerzos innecesarios. Asegúrese de que sus hombros están relajados para que la energía curativa pueda fluir libremente a través de sus manos.

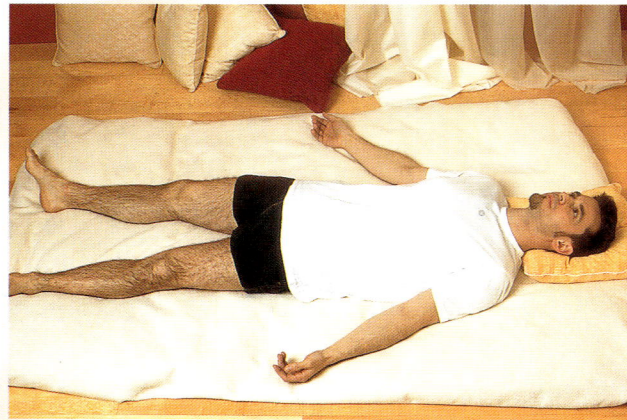

Recuerde concentrarse antes de comenzar un masaje para estar relajado y libre de tensiones.

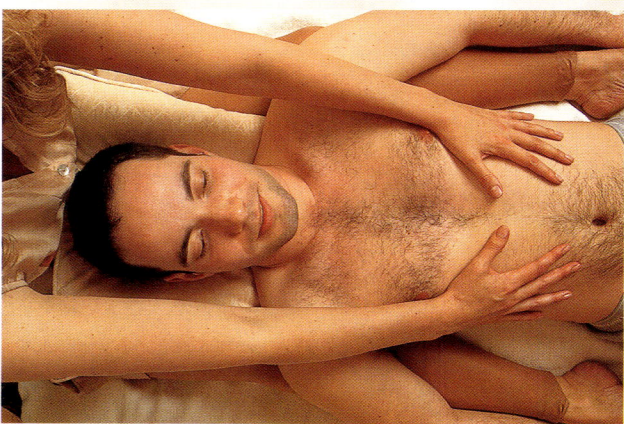

Experimente con diferentes técnicas y posiciones para encontrar las que más les convienen a usted y a su pareja.

las técnicas del masaje sensual

CARICIAS

Las caricias forman la base del masaje sensual. En realidad, variando los movimientos de las caricias puede realizar un masaje sensual completo, ya que puede llevarse a cabo en cualquier parte del cuerpo y puede variar enormemente cambiando la velocidad o la presión de las caricias.

Sus movimientos pueden ser largos o cortos, firmes o suaves, lentos o rápidos. Estas variaciones contribuirán a mantener el interés de su pareja, quien se preguntará qué vendrá a continuación.

Las caricias señalan el comienzo y el final de un masaje sensual y le permiten cambiar de una técnica a la siguiente. Es un movimiento profundamente relajante que establece un ambiente de confianza y permite a su pareja sentirse amado y cuidado mientras acaricia con suavidad su cuerpo. El estrés y la tensión se eliminan a medida que los músculos se relajan, mejora la circulación y las toxinas se eliminan del cuerpo.

Para realizar esta técnica, se emplean las palmas de ambas manos, que se deslizan sobre la superficie de la piel moldeando las manos a los contornos de la parte del cuerpo en la que está trabajando. Se aplica una presión firme y regular a través de las palmas de las manos mientras se deslizan por el cuerpo. En el movimiento de vuelta emplee un toque tan ligero como una pluma para volver al punto de partida. Existen muchas técnicas diferentes de caricias. Una vez que haya aprendido las que se presentan a continuación, el siguiente paso natural a seguir consiste en crear sus propias caricias especiales. Siempre emplee su intuición y sea espontáneo.

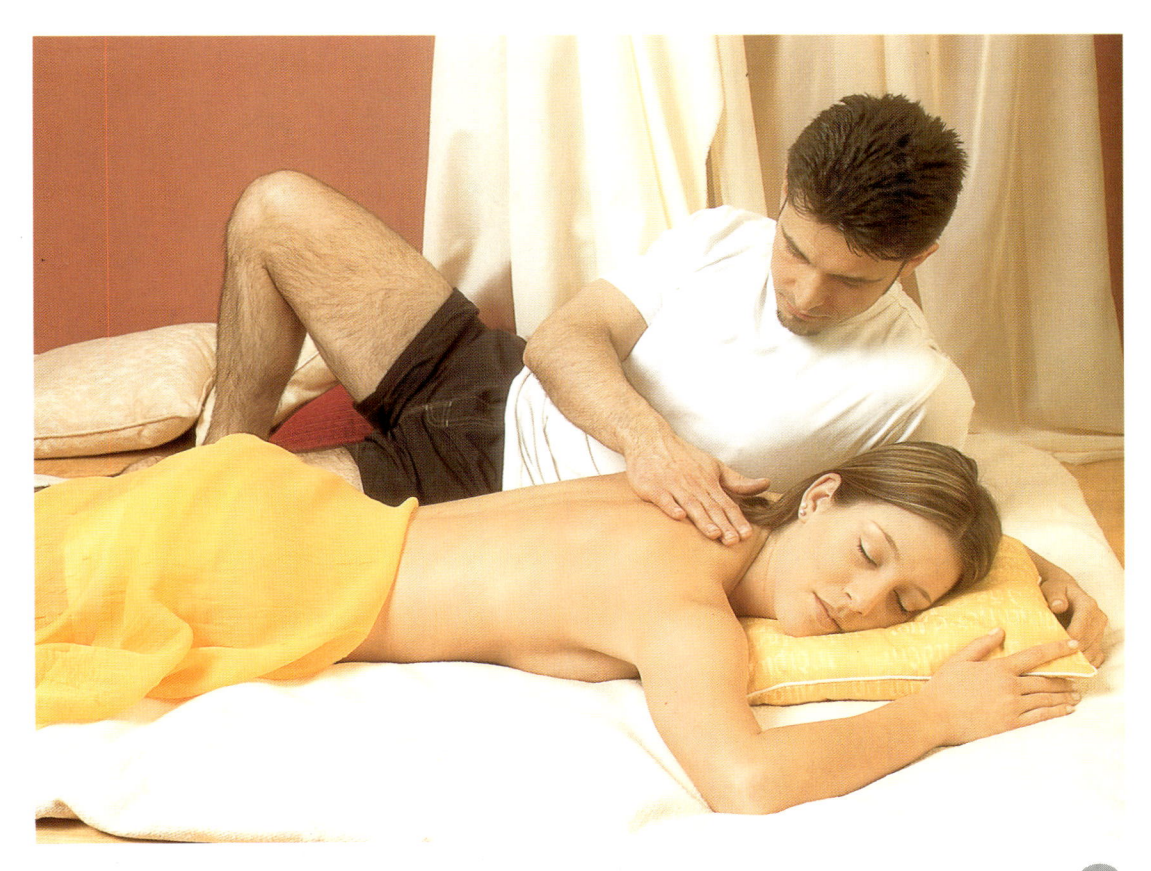

La caricia es uno de los elementos más importantes de un masaje sensual. Sentirá cómo su pareja se relaja mientras las tensiones desaparecen.

LAS TÉCNICAS DEL MASAJE SENSUAL

CARICIAS LARGAS

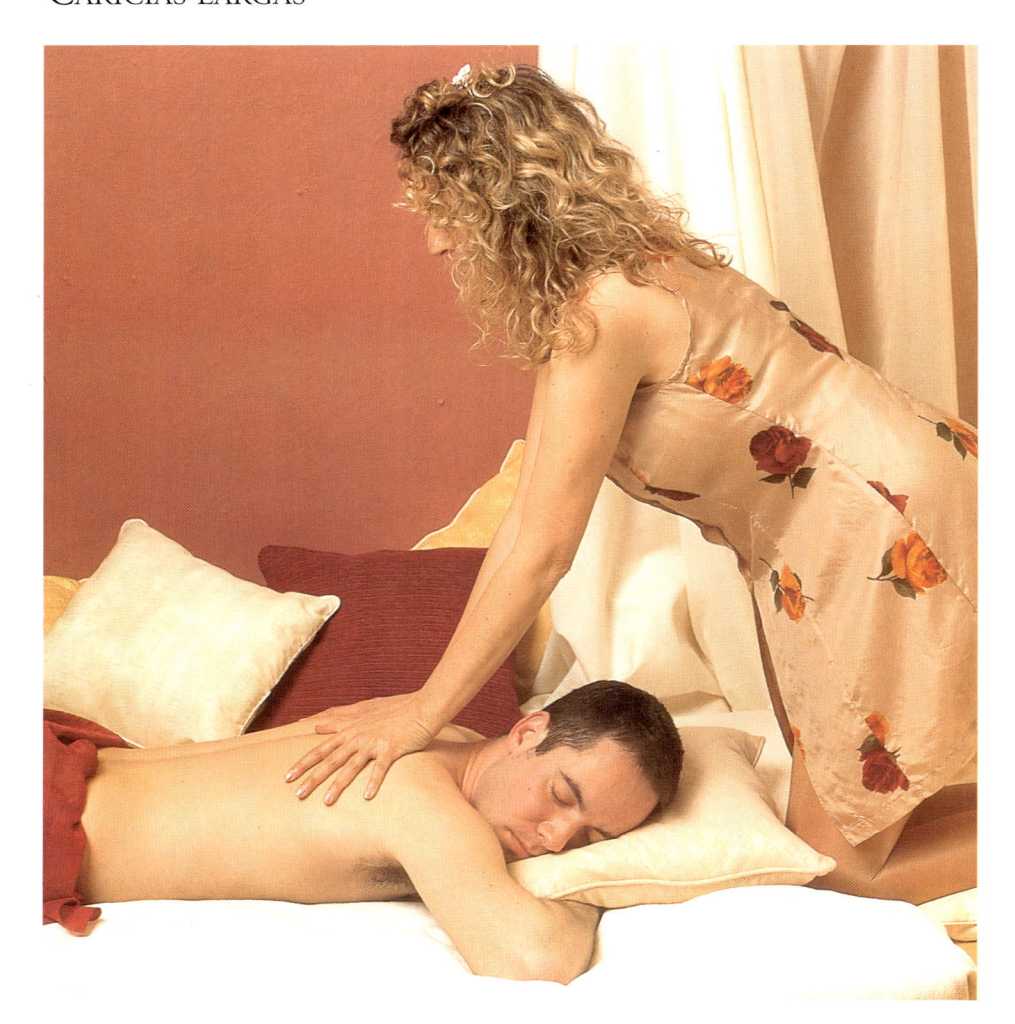

Para realizar este movimiento sitúese de rodillas en una postura que le resulte cómoda ante la cabeza de su pareja. Coloque las palmas de las manos relajadas y juntas en sus hombros.

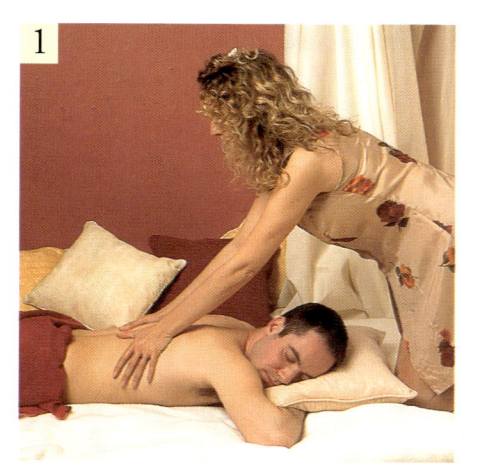

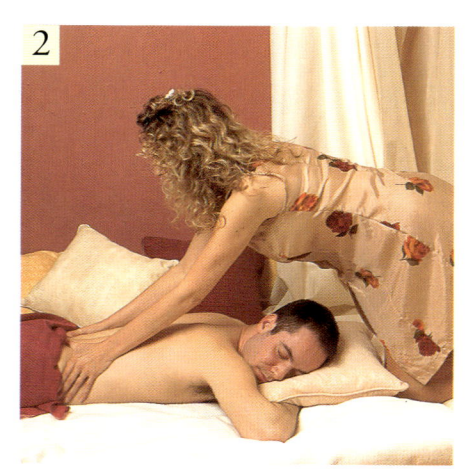

1. Acaricie la espalda entera con las palmas de las dos manos, deslizándolas por los lados de la espina dorsal.
2. Cuando alcance la base de la espina, separe las manos y deslícelas hacia las nalgas.

LAS TÉCNICAS DEL MASAJE SENSUAL

Deje que sus manos se deslicen hasta el punto de partida sin ejercer ninguna presión. Observe la respiración de su pareja mientras realiza este movimiento sin olvidar la suya propia. Descubrirá que su respiración comienza a adoptar el mismo ritmo. Usted y su pareja comenzarán a inspirar y expulsar el aire a la vez, estableciendo así una conexión profundamente íntima y fuerte.

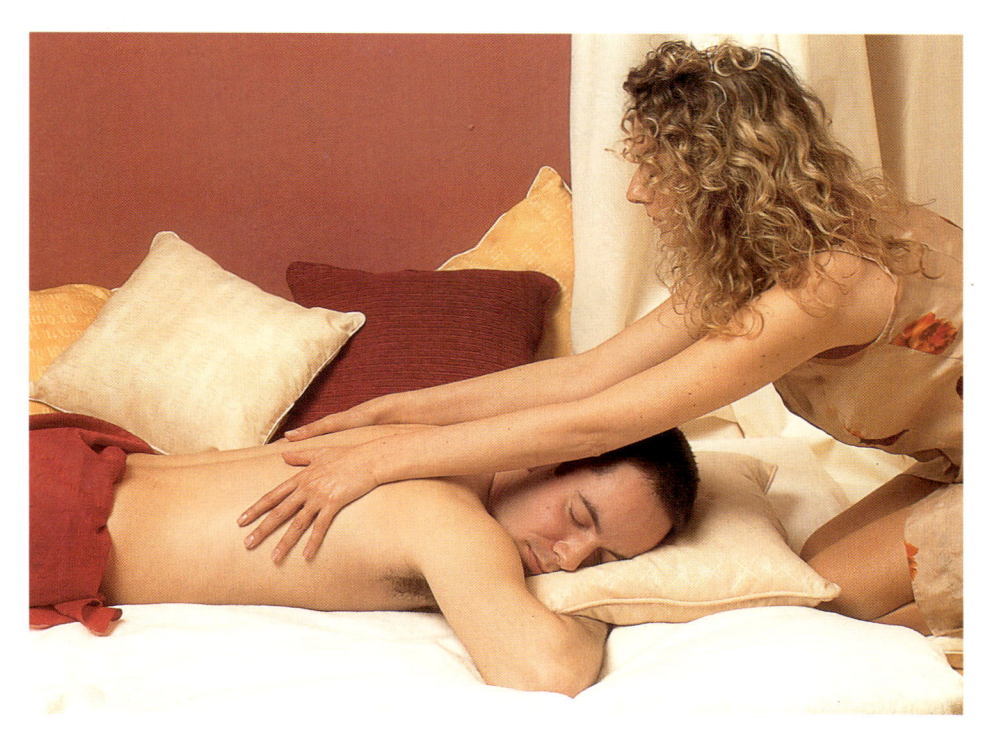

CARICIAS CIRCULARES
(UNA MANO SIGUE A LA OTRA)

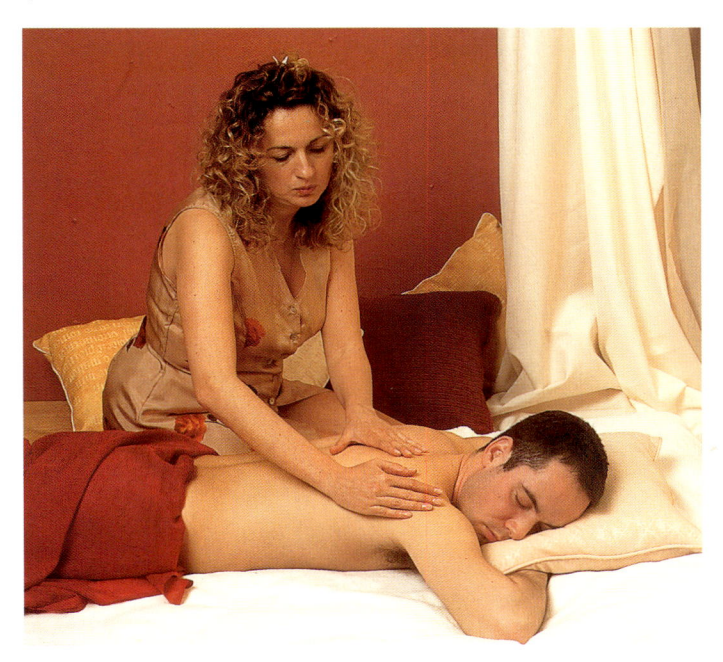

Sitúese a un lado del cuerpo de su pareja y coloque ambas manos en ese lateral del cuerpo alrededor del omoplato. Realice movimientos largos empleando toda la palma de las manos de forma circular.

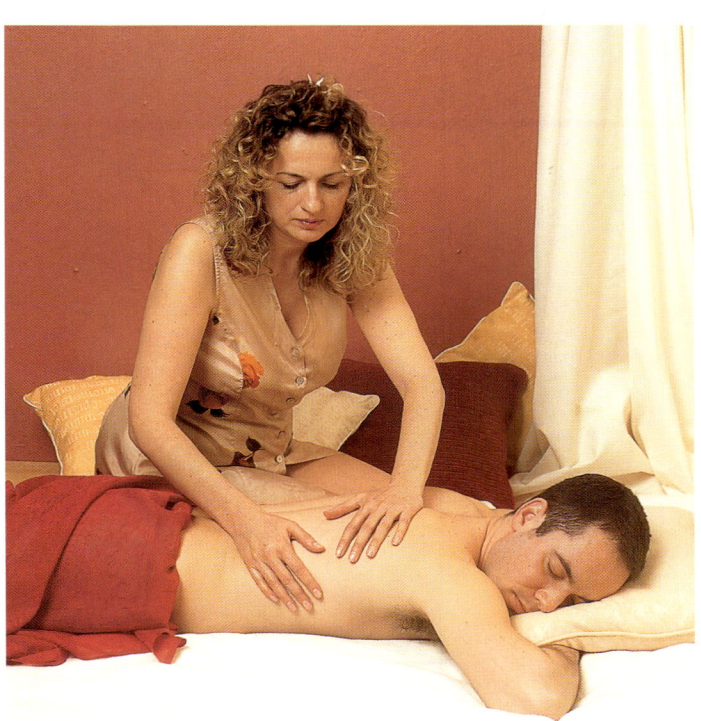

Sus manos rodearán la espalda mientras completa los círculos. Aunque tenga que levantar la mano que sigue a la otra, siempre mantenga el contacto con una mano. La forma correcta de trabajar es desde los hombros hasta las nalgas y de vuelta hacia los hombros.

LAS TÉCNICAS DEL MASAJE SENSUAL

CARICIAS CIRCULARES
(UNA MANO ENCIMA DE LA OTRA)

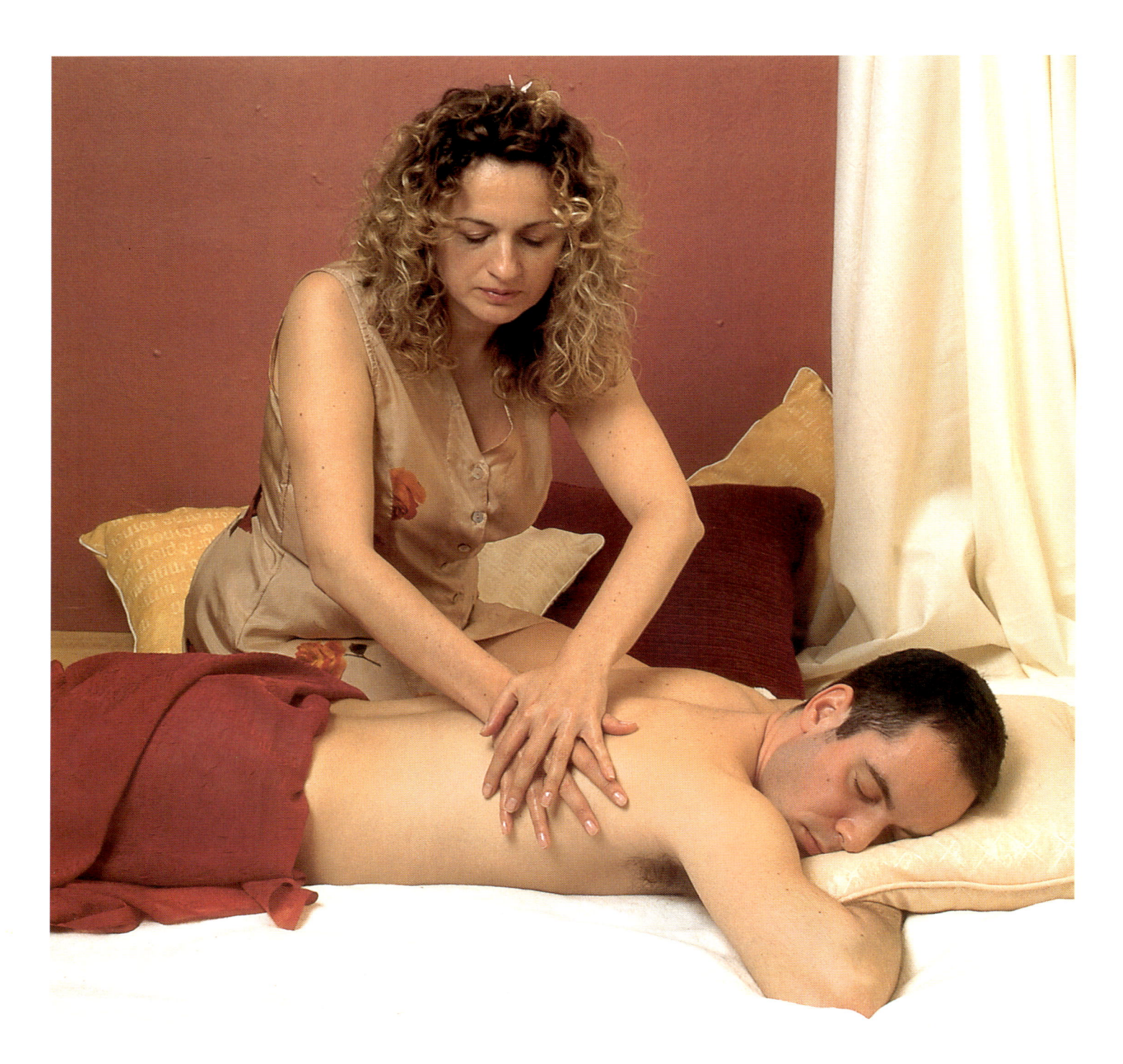

Sitúe una mano encima de la otra y, con toda la palma, realice largos movimientos circulares trabajando desde la parte superior del omoplato hasta las nalgas. Entonces trabaje desde las nalgas hacia el omoplato. Repita el movimiento al otro lado de la espina dorsal.

LAS TÉCNICAS DEL MASAJE SENSUAL

CARICIAS CON LA YEMA DE LOS DEDOS
(ALTERNANDO LOS DEDOS)

Sitúese al lado de su pareja cerca de las nalgas o puede incluso sentarse a horcajadas sobre su cuerpo. Comience por la parte superior del cuerpo, acaricie la espalda de forma lenta empleando sólo las yemas de los dedos de una mano, de forma que apenas toque la piel. Una mano seguirá a la otra. Cuando la primera mano llegue a las nalgas de su pareja levántela suavemente mientras la otra mano comienza el movimiento.

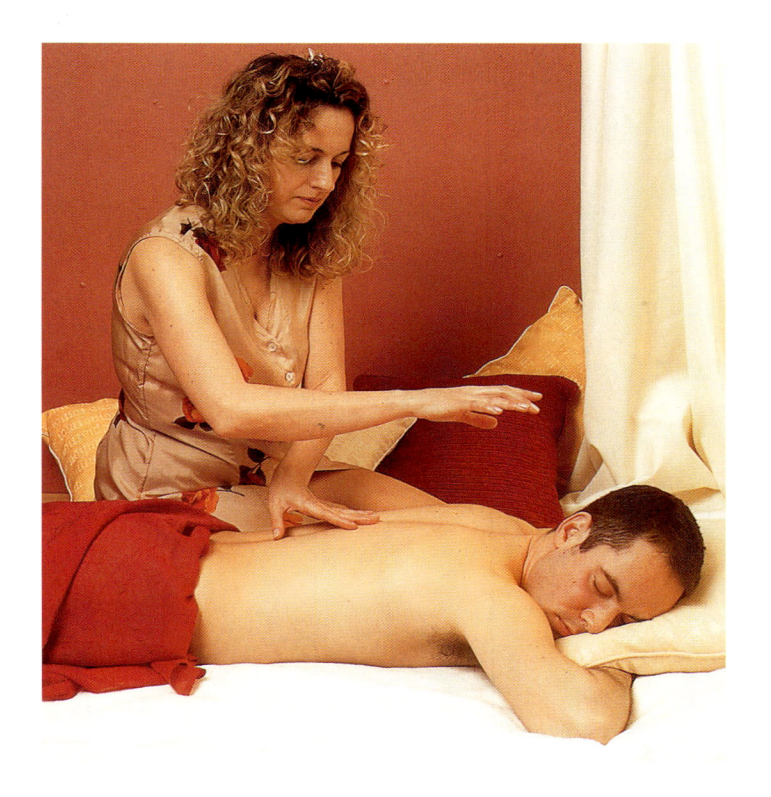

En alguna de las técnicas encontrará que sentándose a horcajadas sobre su pareja resulta más cómodo, además de hacerles sentir más próximos.

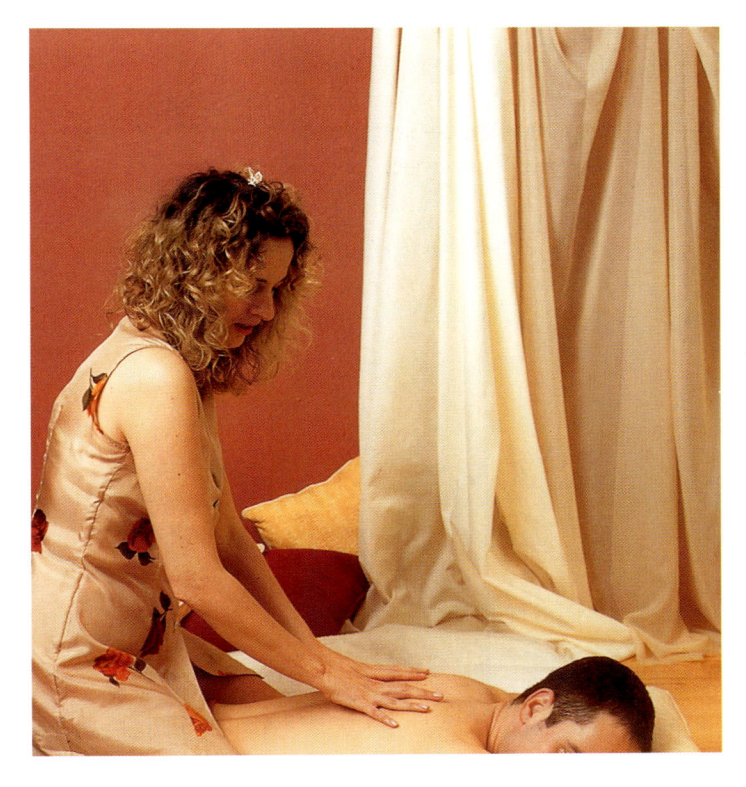

Las técnicas del masaje sensual

Caricias con la yema de los dedos (ambas manos)

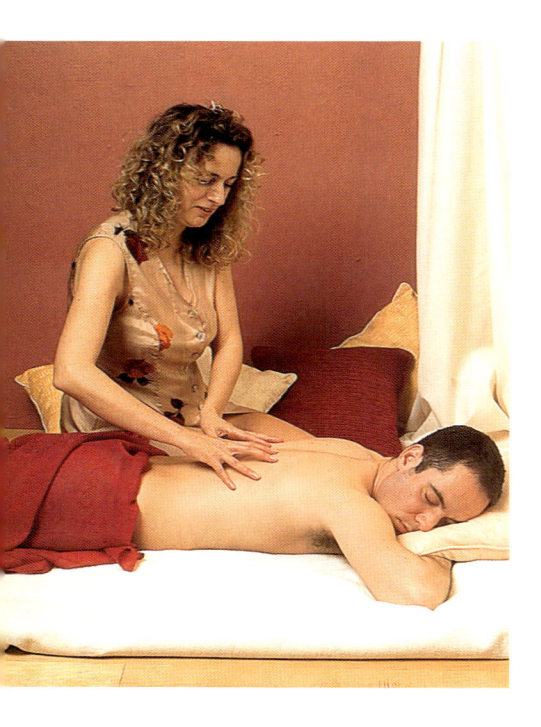

Sentado en la misma posición, sitúe suavemente la yema de los dedos de ambas manos en la parte superior de los omoplatos. Con las dos manos, acaricie el cuerpo a cada lado de la espina dorsal empleando sólo las yemas de los dedos. La mayoría de la gente encuentra este movimiento muy erótico.

Las caricias suaves con las dos manos es uno de los movimientos del masaje más eróticos.

LAS TÉCNICAS DEL MASAJE SENSUAL

LA CARICIA DEL GATO

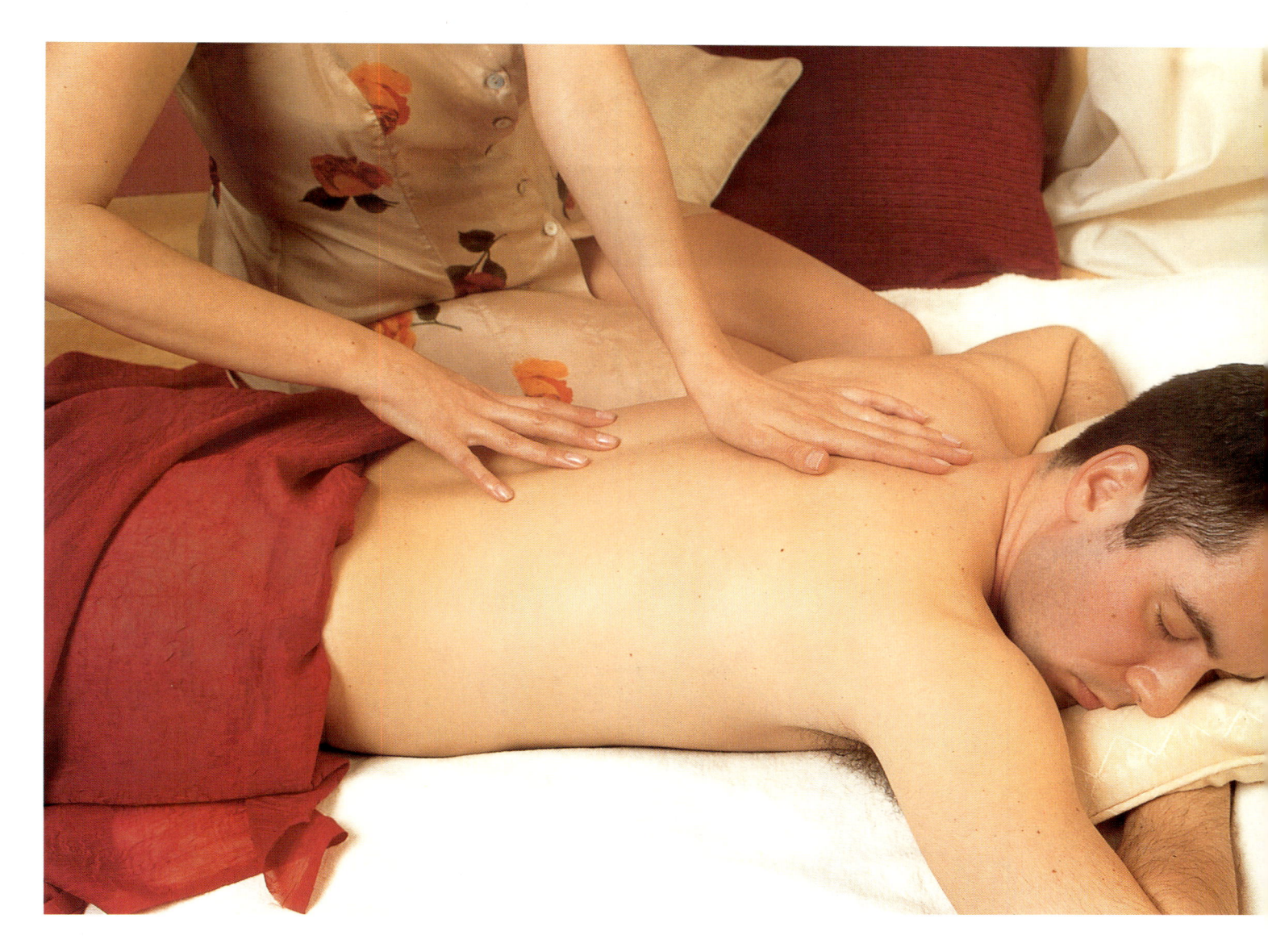

Sitúese al lado de su pareja cerca de las nalgas y coloque toda la palma de la mano derecha en la base del cuello sobre la espina dorsal. Acaricie con suavidad el cuerpo hacia abajo sin emplear ningún tipo de presión. Después que la mano derecha alcanza las nalgas levántela y repita el movimiento con la mano izquierda. Repita estos movimientos varias veces, una mano detrás de la otra. Deberá parecer un movimiento continuo.

41

Las técnicas del masaje sensual

Caricias diagonales

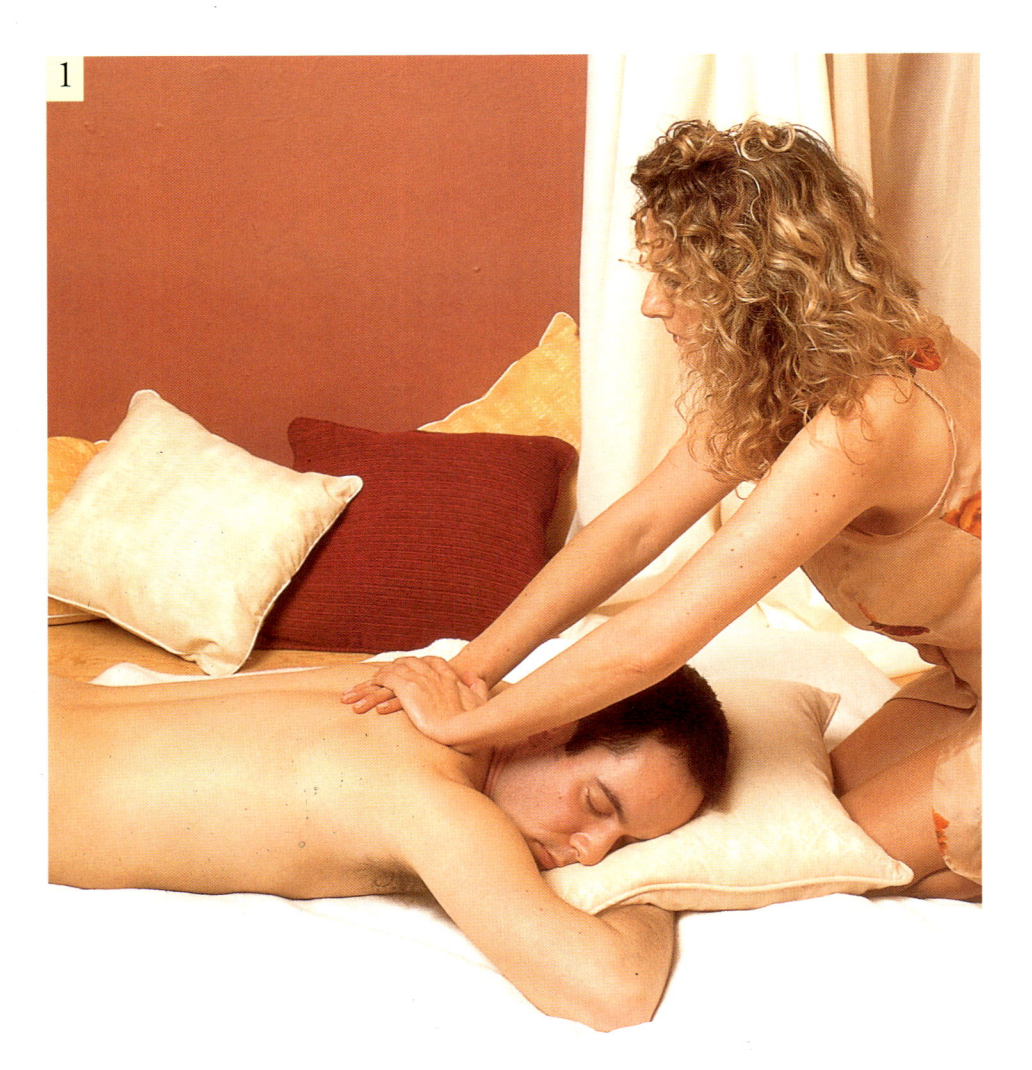

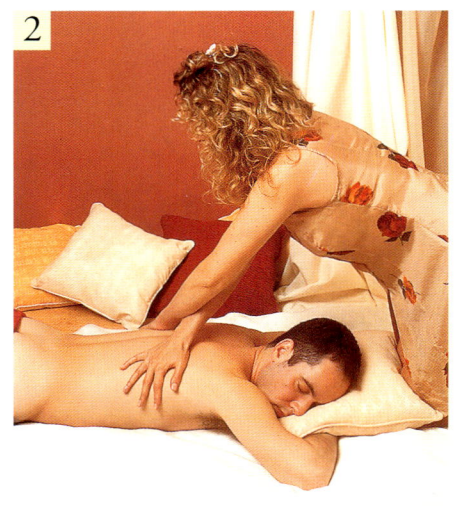

1. De rodillas frente a la cabeza de su pareja deje que sus manos se apoyen una cruzada sobre la otra en la base del cuello.
2. Sepárelas despacio en direcciones opuestas de forma que al llegar a los laterales del cuerpo las manos y las palmas hayan formado una "V".
3. Deslícelas despacio hacia atrás. Repita este movimiento hasta llegar a las nalgas y entonces trabaje de las nalgas hasta el cuello.

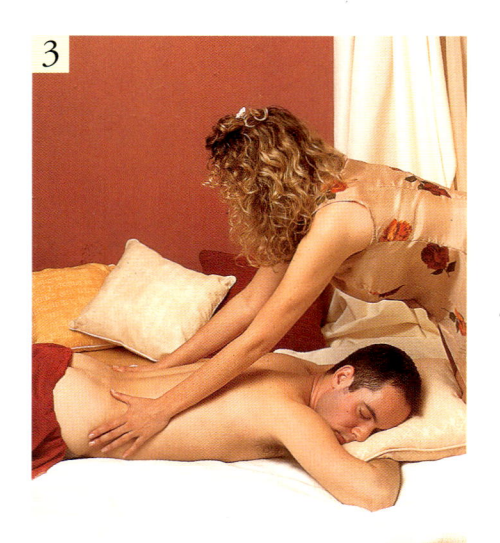

LAS TÉCNICAS DEL MASAJE SENSUAL

Caricias con el reverso de la mano

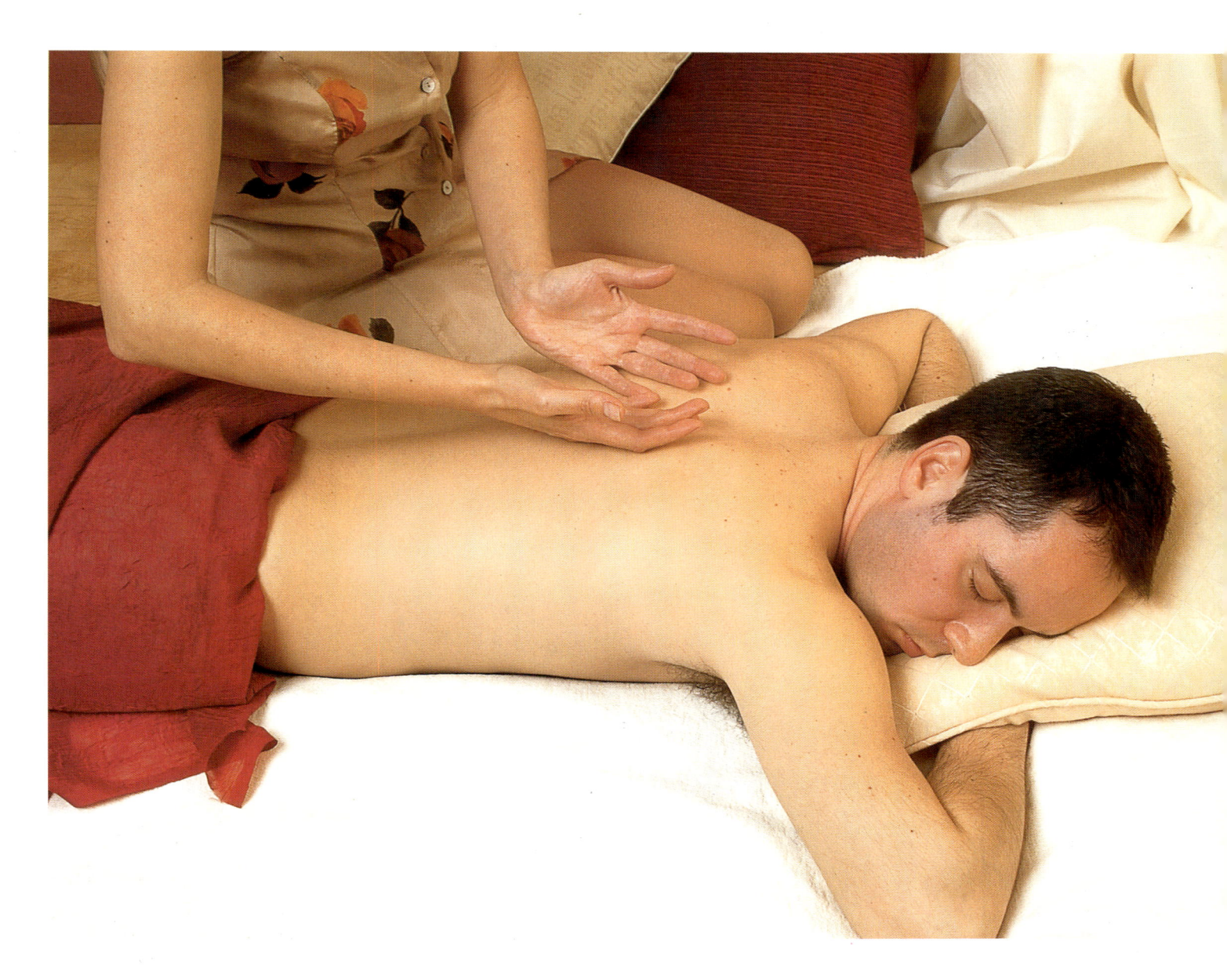

Colóquese a un lado de su pareja o siéntese a horcajadas. Sitúe el reverso de ambas manos en la parte superior del cuerpo con cada mano a un lado de la espina dorsal. Acaricie lentamente hacia las nalgas. Cuando sus manos lleguen a las nalgas deslícelas hacia la posición inicial pasando por los laterales del cuerpo.

Las técnicas del masaje sensual

Técnicas más profundas

Ahora que ha relajado a su pareja y que domina los movimientos fluidos de las caricias va a trabajar en mayor profundidad el cuerpo con las siguientes técnicas.

Amasar y retorcer

El movimiento de amasar el cuerpo resulta muy beneficioso. Ayuda a relajar los músculos agarrotados, aumenta la proporción de sangre en los músculos que se están trabajando y contribuye a eliminar toxinas. Se emplea en áreas carnosas como los muslos, las nalgas y las caderas. En la ilustración se muestra la forma de trabajar el hombro. Sitúe las manos sueltas en la zona a tratar y con una mano agarre y apriete el músculo (no la piel) entre el pulgar y el resto de los dedos, y llévelo hacia su otra mano. Mientras lo suelta, emplee la otra mano para agarrar una nueva zona con carne.

Alternativamente apriete y suelte con ambas manos como si estuviese amasando. En la ilustración se muestra esta técnica aplicada a la cintura.

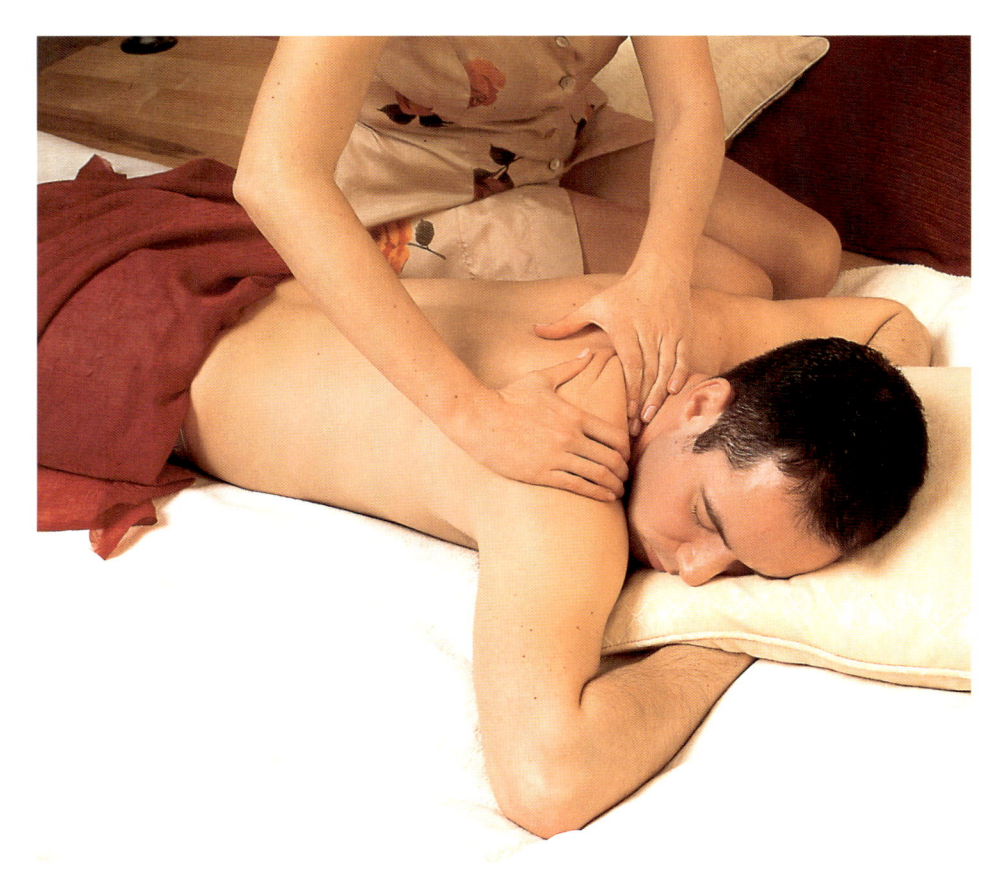

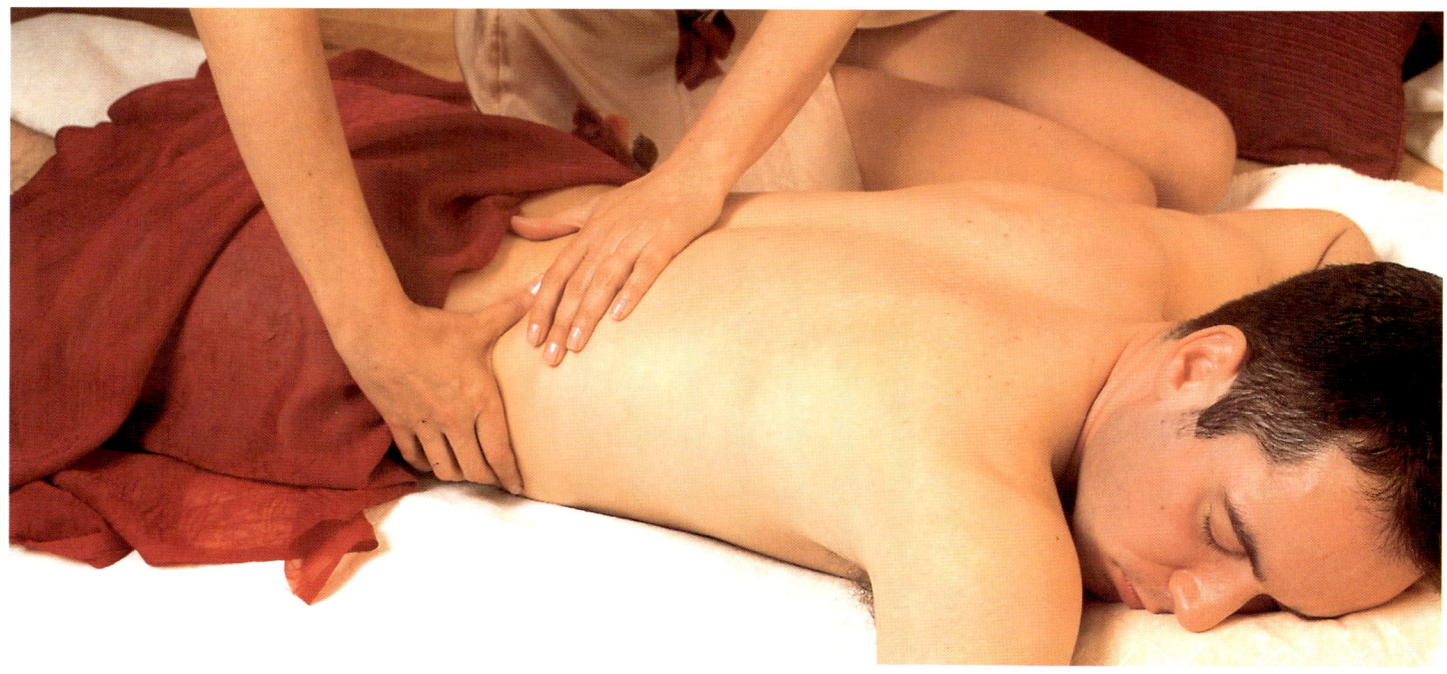

LAS TÉCNICAS DEL MASAJE SENSUAL

ARRASTRAR

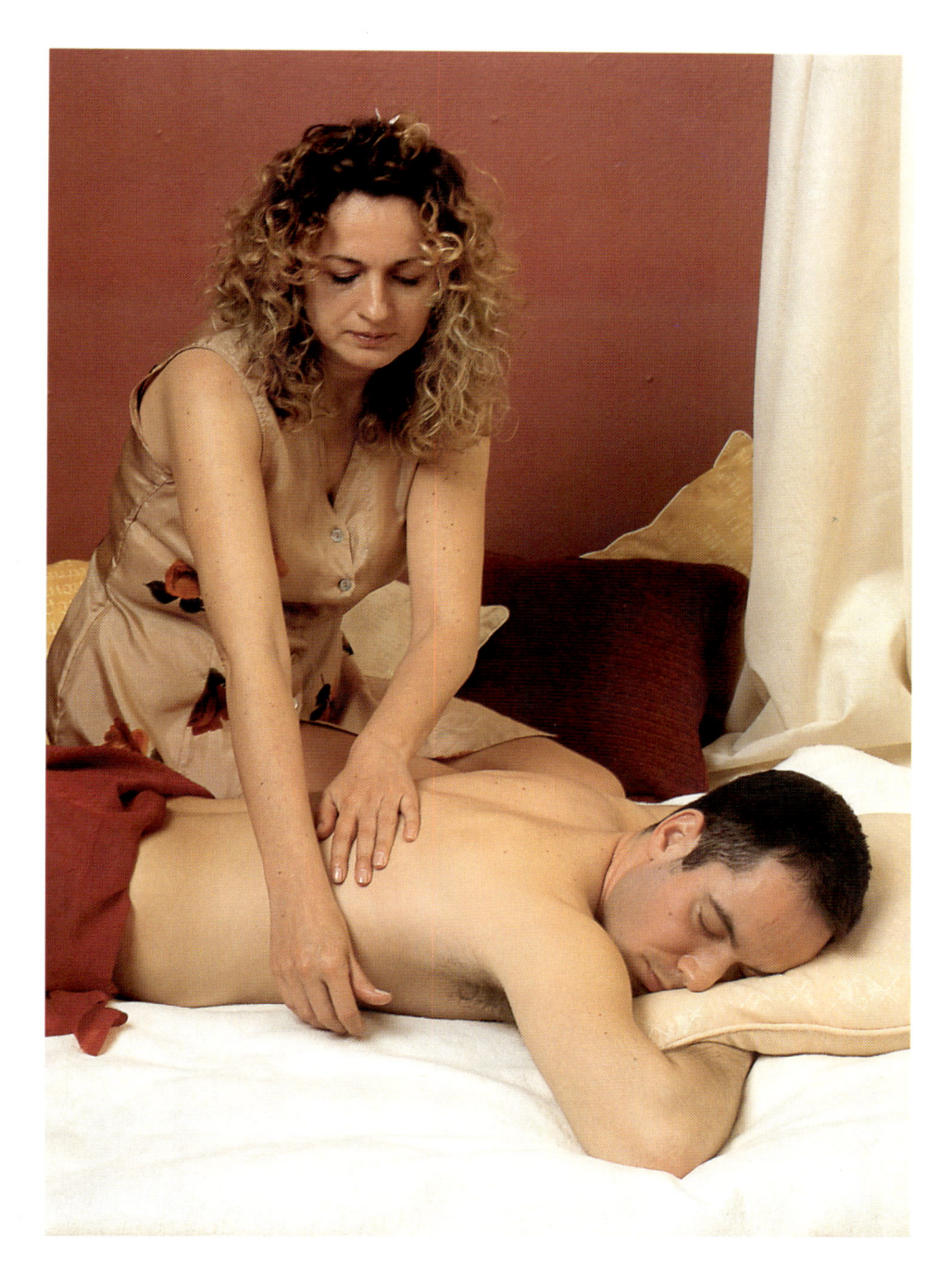

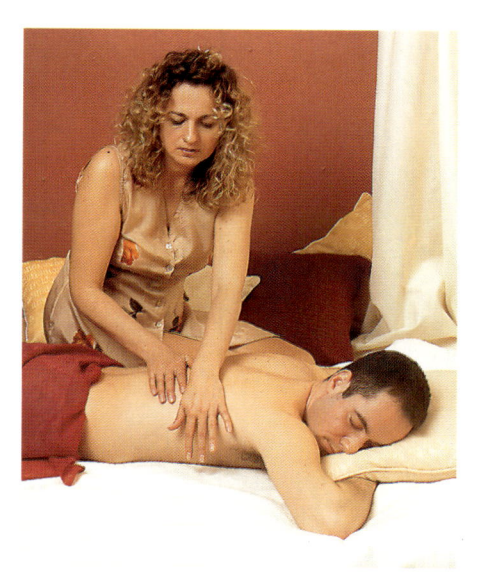

Ahora arrastre el músculo con la otra mano. Mientras arrastra con las manos alternadas trabaje gradualmente hacia la parte superior de la espalda. También puede trabajar hacia abajo. Repita en el otro lado del cuerpo.

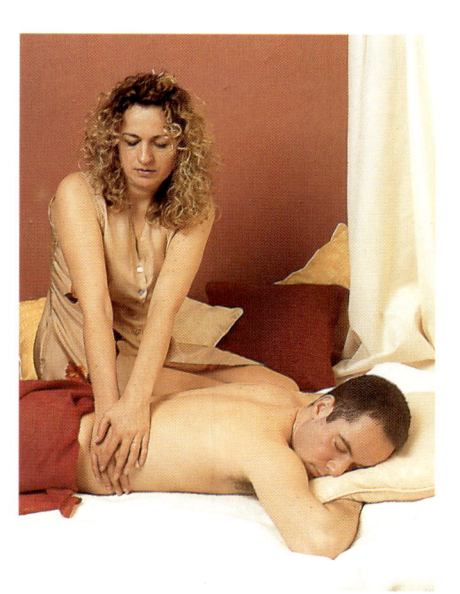

De rodillas en postura cómoda sitúese al lado de su pareja enfrente de la zona de las nalgas. Sitúe ambas manos en el lado opuesto de su pareja tocando con la yema de los dedos la superficie a tratar. Apóyese sobre su cuerpo y arrastre el músculo con la mano.

El arrastre también puede realizarse empleando las dos manos a la vez.

LAS TÉCNICAS DEL MASAJE SENSUAL

EMPUJAR

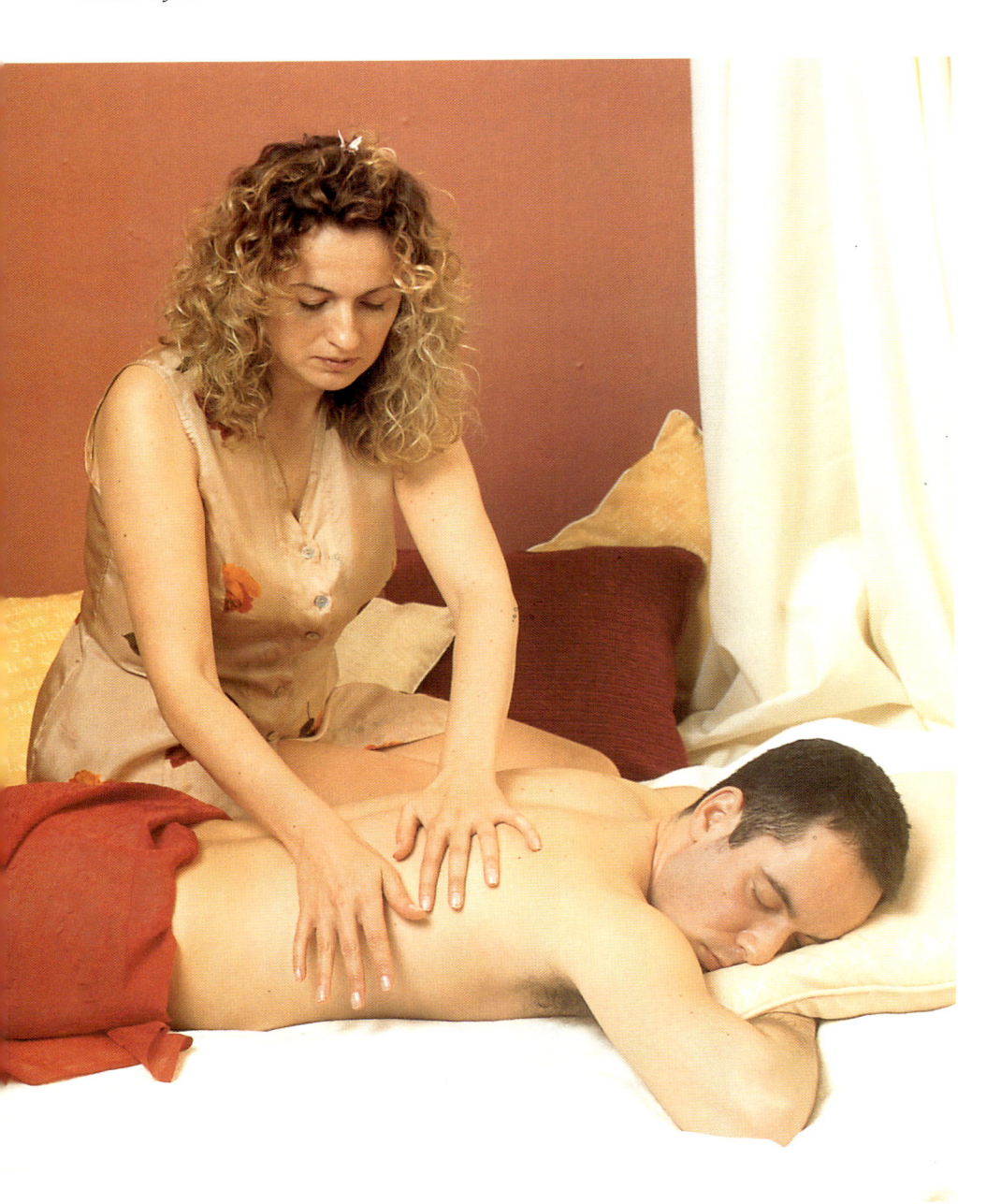

Colóquese como en la técnica del arrastre. Sitúe ambas manos en el lado opuesto al que se encuentra, pero NO toque la espina dorsal.

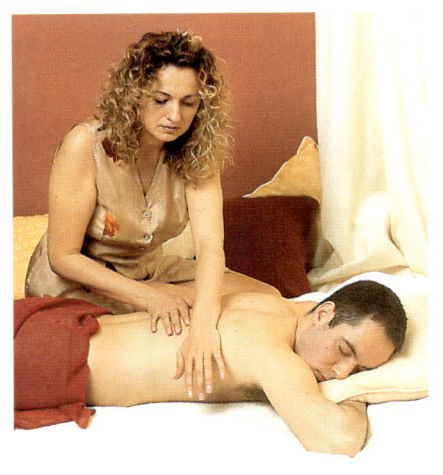

Trabaje la espalda de su pareja hacia arriba con movimientos de empuje empleando las manos alternadas, una siguiendo de cerca de la otra. Realice este movimiento hacia arriba y hacia abajo por la espalda. Ahora hágalo en el otro lado.

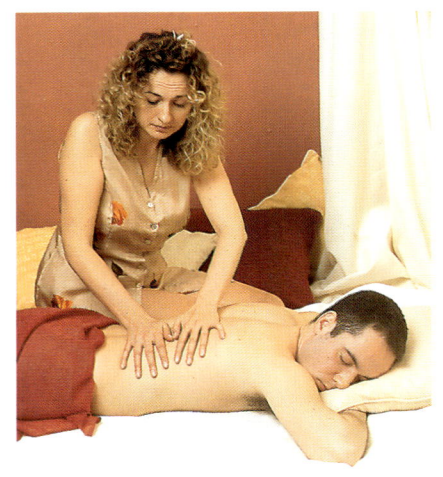

Ahora pruebe a empujar empleando las dos manos a la vez.

LAS TÉCNICAS DEL MASAJE SENSUAL

CARICIAS CON PRESIÓN Y FRICCIÓN

Estos movimientos le permiten penetrar más profundamente en las capas musculares y trabajar alrededor de las articulaciones. La presión más profunda es particularmente útil para eliminar la tensión, que se acumula a los lados de la espina dorsal y alrededor de los omoplatos. Las presiones muy suaves se emplean en los puntos que despiertan el deseo sexual mencionados en la siguiente sección. Se suelen emplear los pulgares para realizar estas técnicas de presión, aunque también se puede hacer con la yema de los dedos, el borde de las manos, los nudillos o incluso los codos.

PRESIÓN CON LOS PULGARES

Para realizar presiones circulares en los músculos próximos a la espina dorsal, colóquese al lado de su pareja. Sitúe ambas manos a cada lado de la espina apenas rozando con el borde de sus manos. Ponga las yemas de los pulgares en los dos hoyuelos de la base de la espina. Haga pequeños movimientos circulares hacia fuera con los pulgares.

Recuerde aplicar la presión siempre de forma lenta y gradual, nunca empuje bruscamente los tejidos o clave las uñas. Encontrará que resulta más fácil si aplica una pequeña porción de aceite, de no ser así sus pulgares resbalarán y sólo será capaz de mover la piel en lugar de los tejidos más profundos de la zona inferior.

Emplee el peso de su cuerpo para dotar de una mayor profundidad a sus movimientos de presión, el cuerpo es mucho menos delicado de lo que piensa. Sin embargo, siempre pida opinión, ya que su intención no es la de infligir ningún dolor o incomodidad en su pareja.

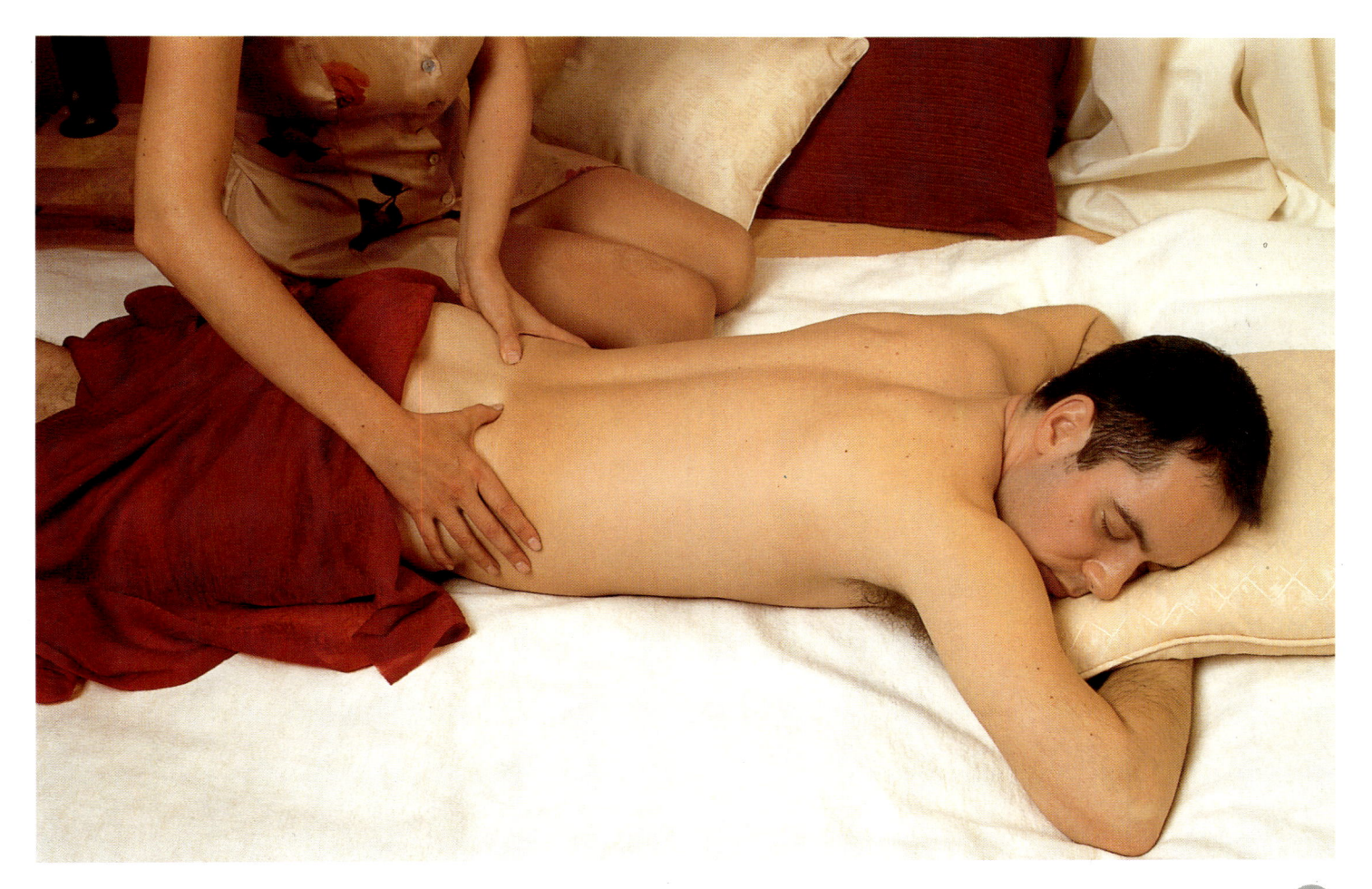

LAS TÉCNICAS DEL MASAJE SENSUAL

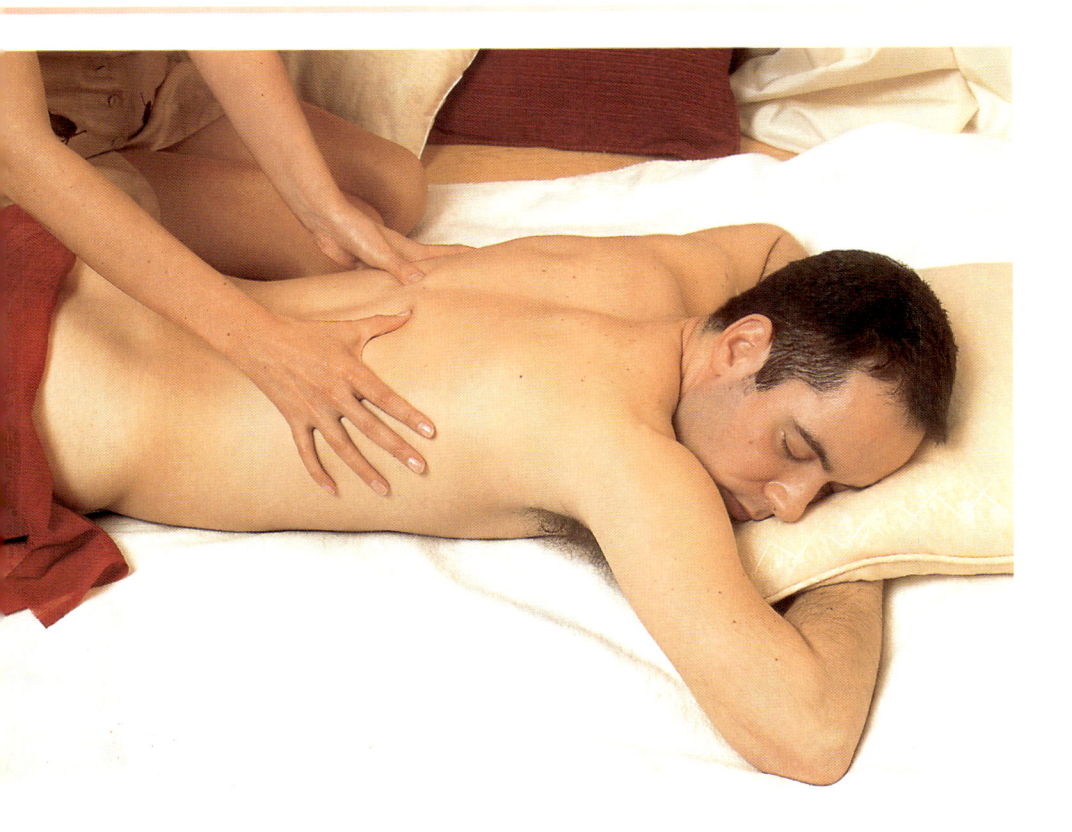

Gradualmente trabaje la espalda hasta alcanzar la base del cuello. Cuando empiece por primera vez es probable que le duelan los pulgares hasta que se acostumbren a ejercer presión. Asegúrese de que no está encorvado para no desarrollar nudos en su propia espalda o en los hombros.

Ahora pruebe esta técnica alrededor del omoplato. Sitúese cerca del hombro que va a tratar. Para que resulte más fácil puede pedir a su pareja que ponga el brazo debajo de la espalda, pero si no le resulta cómodo o está algo dormido deje el brazo en la postura en la que está.

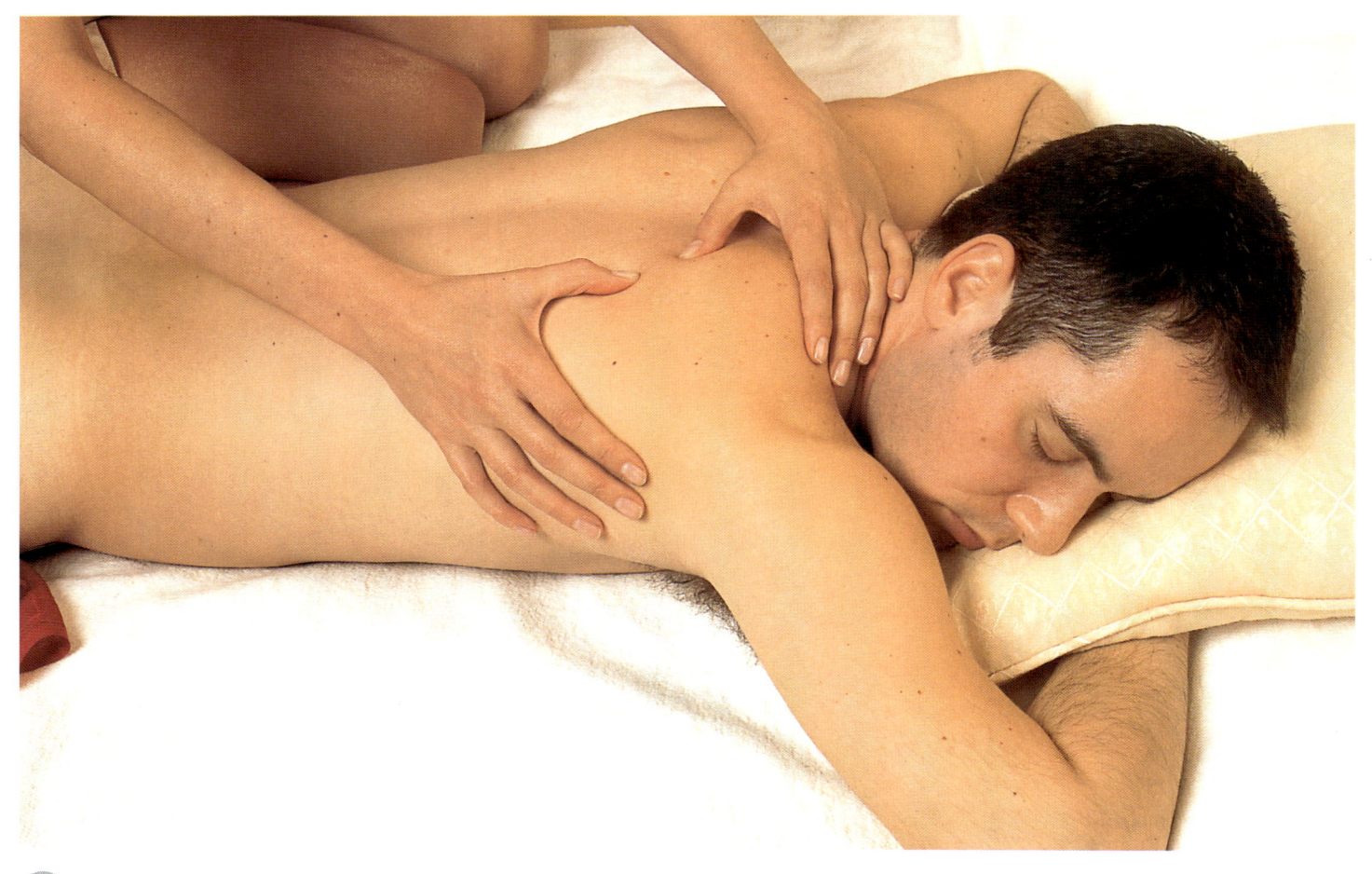

LAS TÉCNICAS DEL MASAJE SENSUAL

PRESIÓN CON EL BORDE DE LA MANO

En vez de emplear las yemas de los pulgares ahora aplicará el borde de las manos, la zona de la palma más cercana a la muñeca, para lograr una presión más profunda. Practicará esta técnica en la parte posterior de los muslos. Se trata de un movimiento excelente para las áreas carnosas, como las nalgas y los muslos.

Siéntese o arrodíllese al lado de su pareja y ponga el borde de las manos justo encima de la parte posterior de la rodilla. NO ejerza presión en esta zona, ya que es muy delicada. Una mano empujará la carne con suavidad, pero con firmeza, trabajando la pierna y entonces comenzará la otra mano. Permita que el borde de las manos se mueva alternativamente hacia la parte posterior del muslo.

CON LOS NUDILLOS

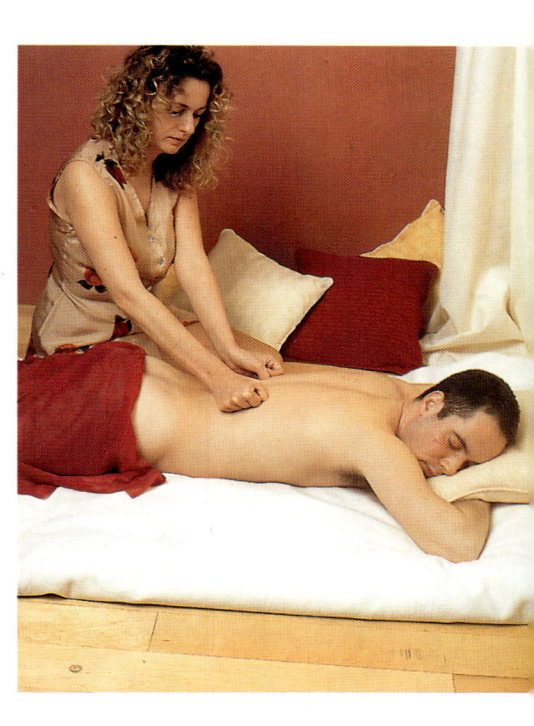

El masaje con los nudillos es excelente cuando se emplea en los hombros, la espalda, el torso superior, las palmas de las manos y las plantas de los pies. Cierre las manos y sitúe los puños sueltos sobre el cuerpo. Haga rotaciones circulares con la sección media de los dedos sin separar las manos del cuerpo.

LAS TÉCNICAS DEL MASAJE SENSUAL

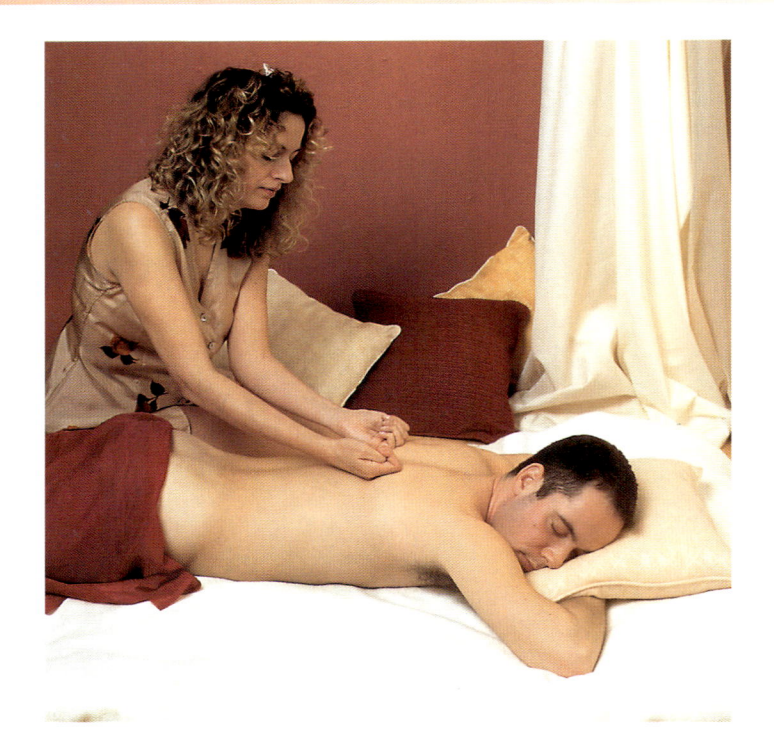

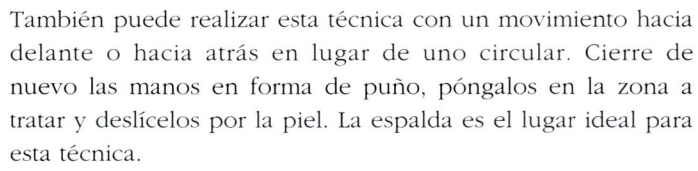

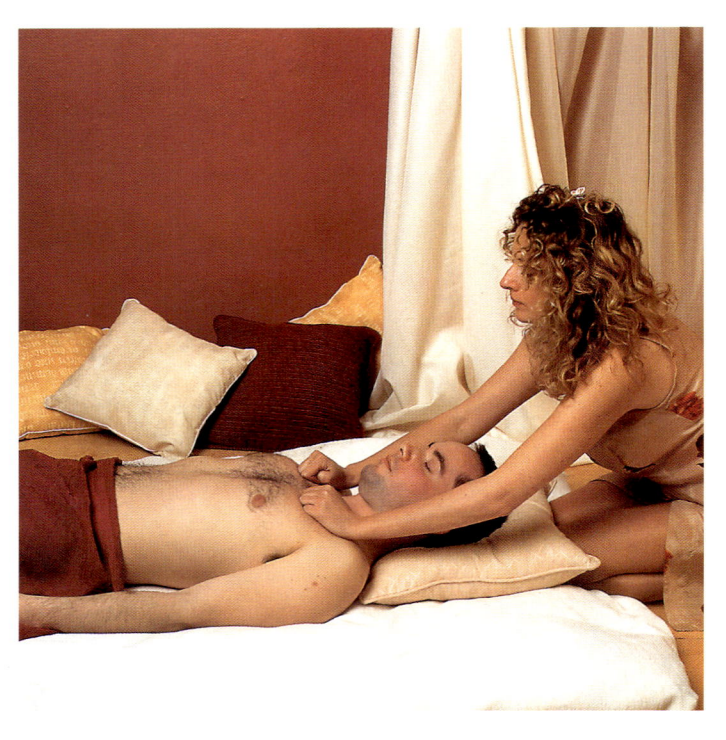

También puede realizar esta técnica con un movimiento hacia delante o hacia atrás en lugar de uno circular. Cierre de nuevo las manos en forma de puño, póngalos en la zona a tratar y deslícelos por la piel. La espalda es el lugar ideal para esta técnica.

También puede hacer este movimiento en el torso.

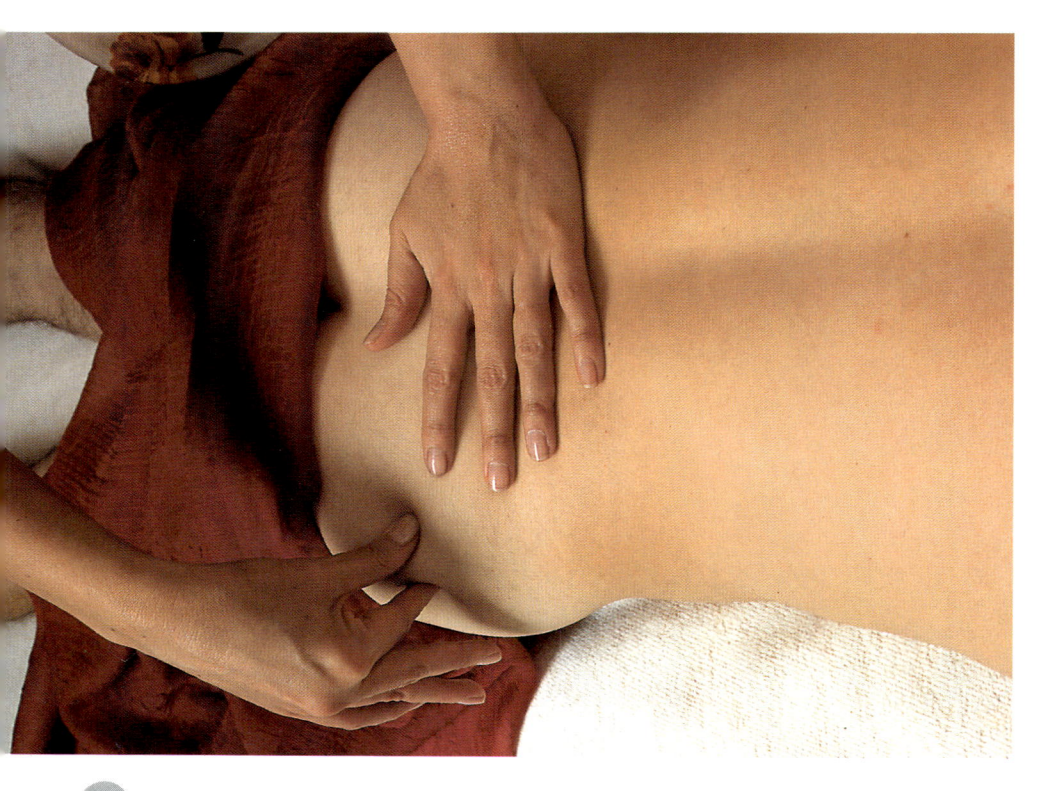

Pellizcos

Se puede emplear esta técnica en zonas carnosas y con músculo, como las nalgas y los muslos. Además de mejorar la circulación y tonificar la piel, los pellizcos pueden resultar muy sensuales. Sitúe ambas manos con las palmas hacia abajo en las nalgas. Tome suavemente pequeñas áreas de carne entre los pulgares y el resto de los dedos y deje que resbalen.

la secuencia del masaje sensual

Esta guía paso a paso le permitirá dar un masaje completo a su pareja. No obstante, no existe una forma "correcta" de realizar un masaje sensual, es importante desarrollar su propio estilo y usar siempre la intuición. Se dará cuenta de que va desarrollando sus propias técnicas de acuerdo con las preferencias propias de su pareja. No olvide que tan bueno como dar un masaje sensual es recibir uno.

No es necesario cubrir toda la rutina, seleccione las áreas que prefiere y tómese todo el tiempo necesario en realizar el masaje. NO existen reglas establecidas. Sea espontáneo e intuitivo. No asuma que un masaje sensual supone siempre un preludio al acto sexual. Resulta una experiencia muy gratificante por sí misma, por lo que le acercará a su pareja y contribuirá a crear una relación armoniosa. Recuerde preparar el escenario para su masaje sensual con anterioridad.

Un masaje completo puede llegar a durar una hora y media si se incluyen todas las partes del cuerpo. Es mucho mejor concentrarse en dos o tres zonas antes que apresurarse dando un masaje por todo el cuerpo. Las partes más placenteras son la espalda, la cabeza y los pies, pero ¿qué le parecería probar toda la secuencia y descubrir sus preferencias personales?

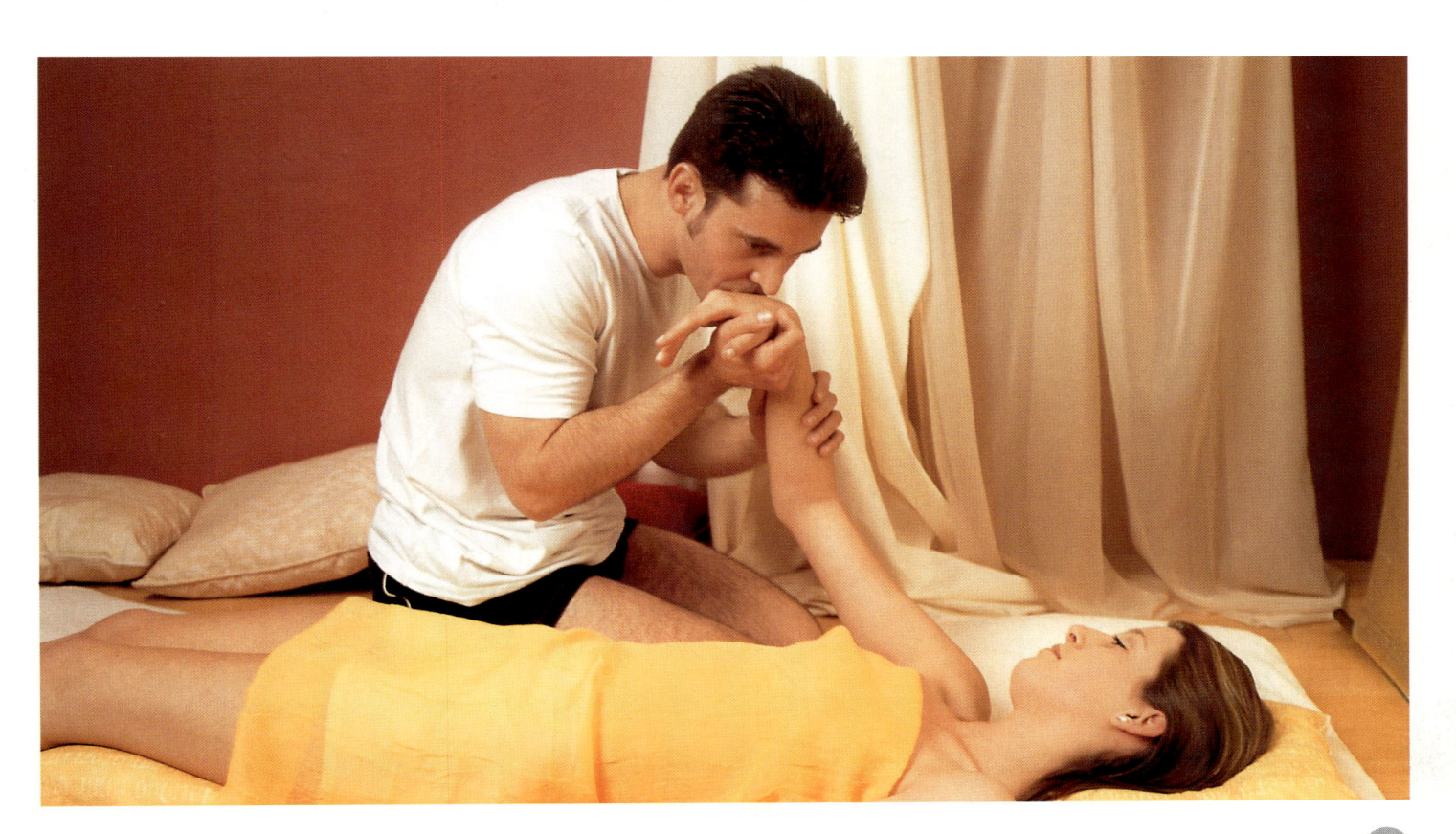

LA SECUENCIA DEL MASAJE SENSUAL

UN MASAJE SENSUAL EN LA ESPALDA

Un masaje en la espalda resulta una experiencia gratificante y sensual. Si tiene el tiempo limitado, no puede olvidarse de esta zona. Todos tenemos músculos agarrotados en alguna parte de la espalda y los hombros, que surgen por varias razones. El estrés (físico y emocional), malas posturas en las actividades diarias (por ejemplo, encorvarnos sobre la mesa de trabajo), cargar con los niños o un exceso en actividades deportivas o en jardinería pueden pasar su factura.

Su pareja debe tumbarse boca abajo con una almohada o cojín bajo los tobillos para ayudar a la espalda a relajarse, y otra bajo la cabeza y los hombros. Los brazos deben colocarse cómodamente a los lados. El cuerpo debe permanecer totalmente cubierto.

PASO 1. ENTRANDO EN CONTACTO

El contacto inicial es muy importante, ya que permite a ambos liberar todas las tensiones y relajarse totalmente.

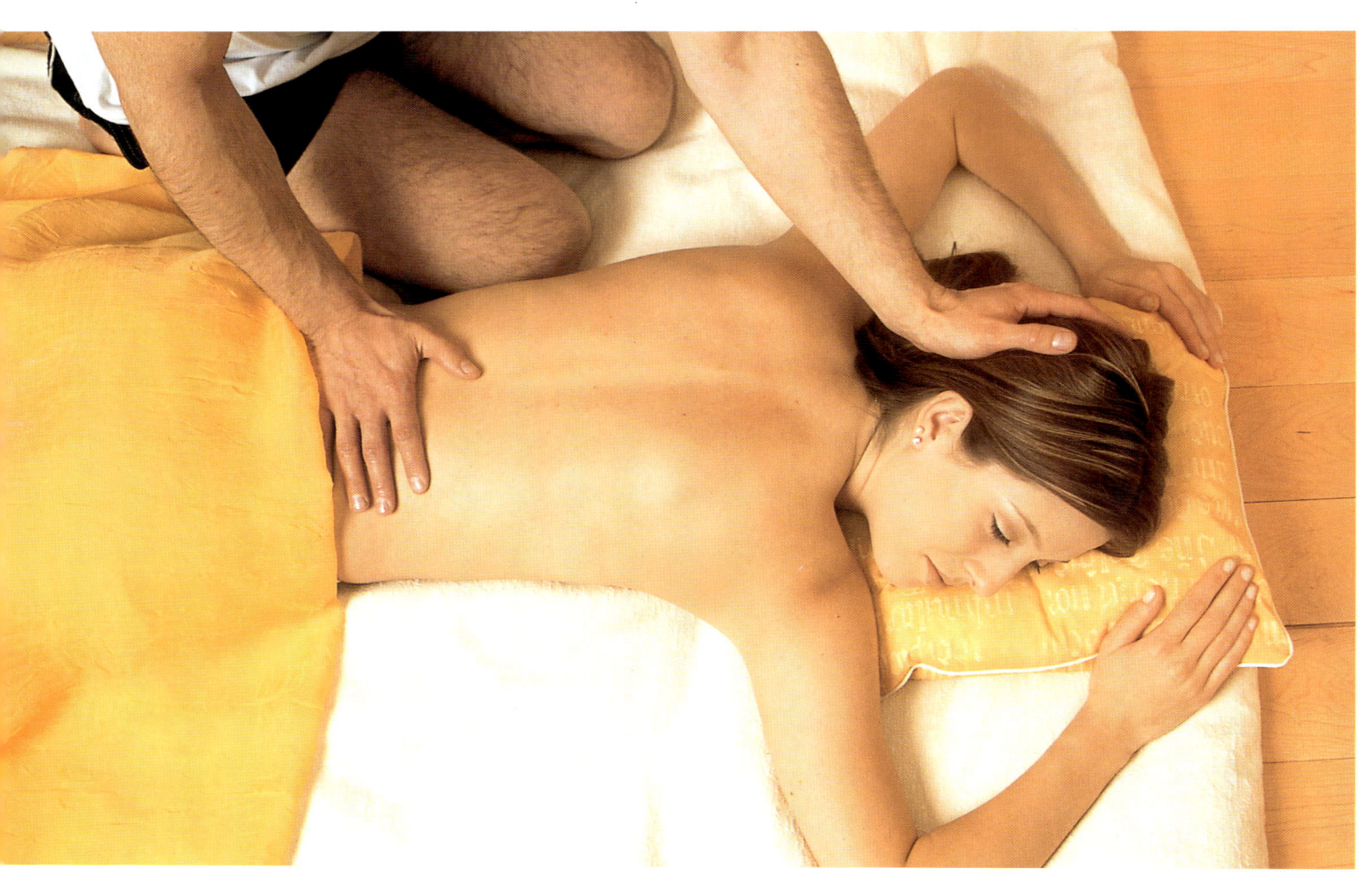

Colóquese al lado de su pareja y baje las manos suavemente hasta su espalda. Una mano deberá descansar en la parte superior de la cabeza mientras la otra descansa en la base de la espina dorsal. Respire profundamente dos veces, siendo consciente de la relajación y permitiendo que la energía curativa fluya por todo el cuerpo. Después de aproximadamente un minuto levántelas del cuerpo cuidadosamente.

LA SECUENCIA DEL MASAJE SENSUAL

Paso 2. EXTENDER EL ACEITE/ CARICIAS LARGAS

De rodillas al lado de la cintura de su pareja, comience a aplicar el aceite empleando caricias largas. Ponga las palmas de las manos relajadas en la parte más baja de la espalda, una mano a cada lado de la espina dorsal con los dedos apuntando hacia la cabeza.

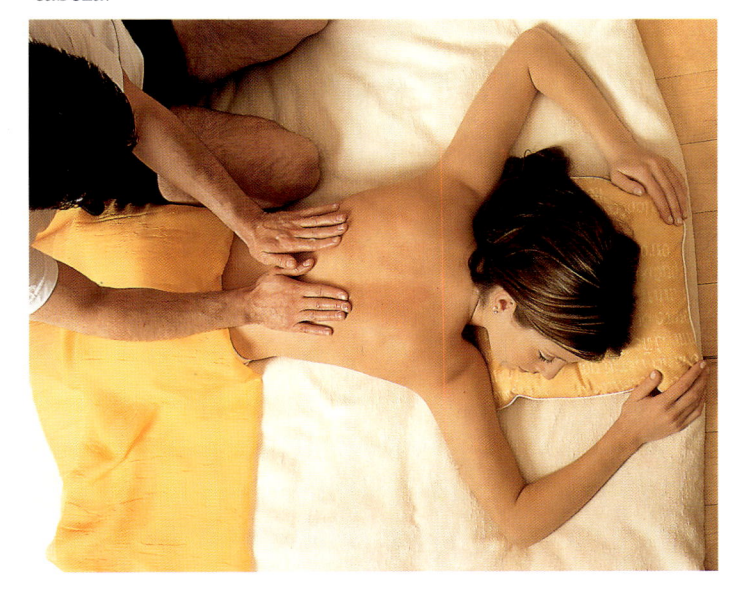

Acaricie la espalda hacia el cuello, empleando el peso de su cuerpo apoyándose para obtener una presión más firme.

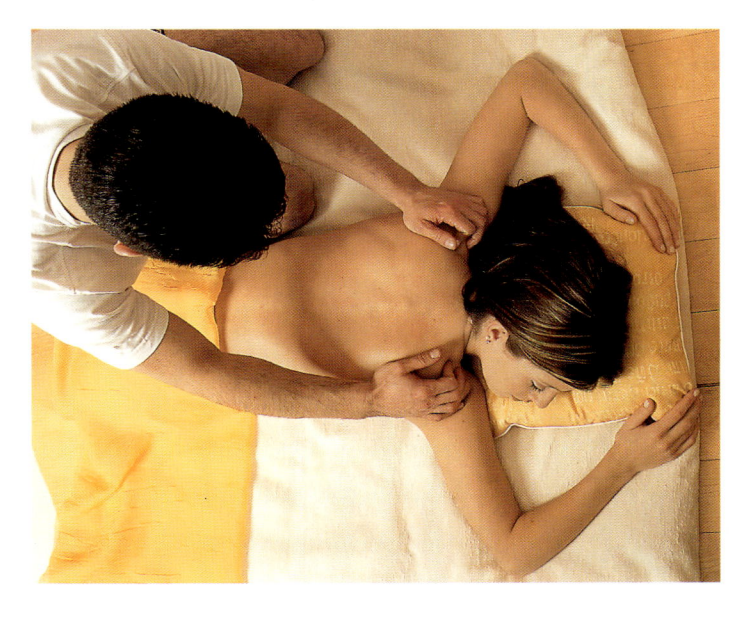

Repita estos movimientos largos varias veces para establecer su propio ritmo y para que su pareja se acostumbre a sus manos.

Permita a sus manos deslizarse hacia los laterales del cuerpo con suavidad y con gran ligereza.

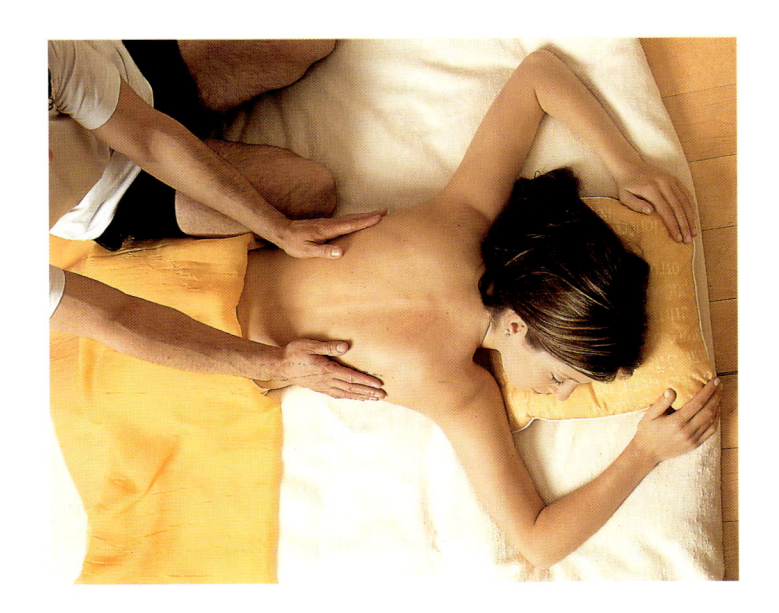

Mientras sus manos alcanzan la parte superior de la espalda, acaricie los hombros, moldeando las manos a los contornos del cuerpo.

53

La secuencia del masaje sensual

Paso 3. Caricias largas con manos alternadas

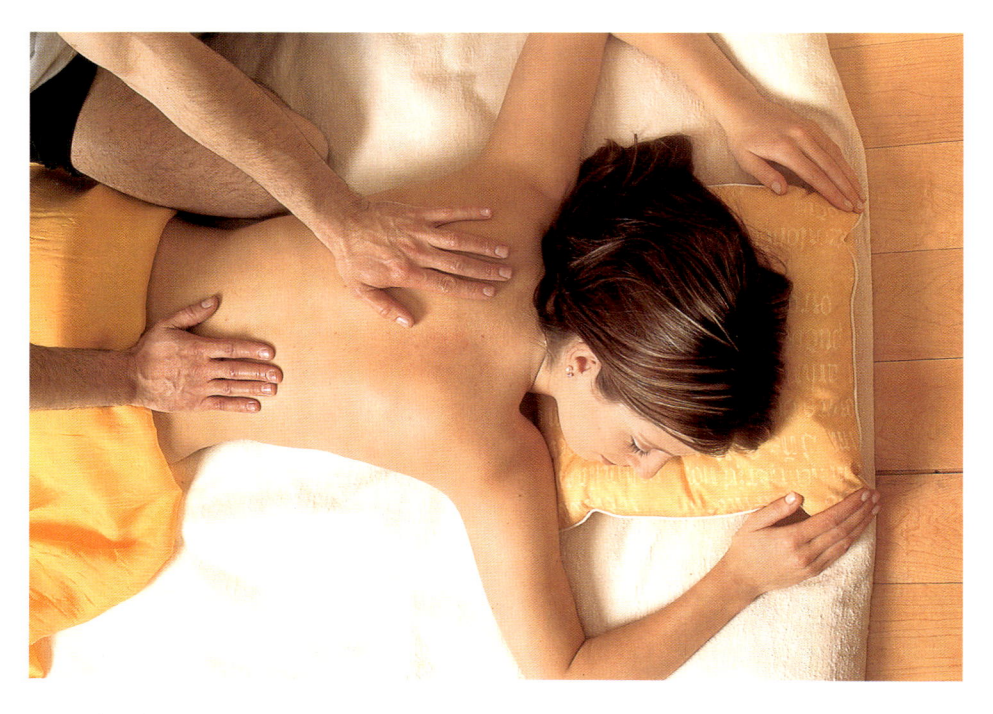

Sitúe las dos palmas de las manos hacia abajo, una a cada lado de la espalda; una en la parte inferior y otra en la zona de los hombros, con los dedos apuntando hacia la cabeza.

Acaricie con firmeza hacia arriba empleando la mano situada en la parte inferior mientras la mano de la parte superior se desliza hacia abajo por la espina dorsal. Este movimiento resulta muy placentero y es excelente para relajar la espalda.

LA SECUENCIA DEL MASAJE SENSUAL

Paso 4. Caricias circulares

Sitúese al lado de su pareja. Coloque ambas manos alrededor del omoplato en la parte opuesta del cuerpo.

Mientras completa un círculo sus manos se cruzarán. Aunque tenga que levantar una mano por encima de la otra, asegúrese de que mantiene el contacto con una de ellas.

Realice movimientos largos con toda la palma de la mano acariciando en el sentido de las agujas del reloj, una mano debe seguir a la otra.

Ahora repita estos movimientos circulares en el lado de la espalda más próximo a usted.

La secuencia del masaje sensual

Paso 5. estirando la espalda (con las manos)

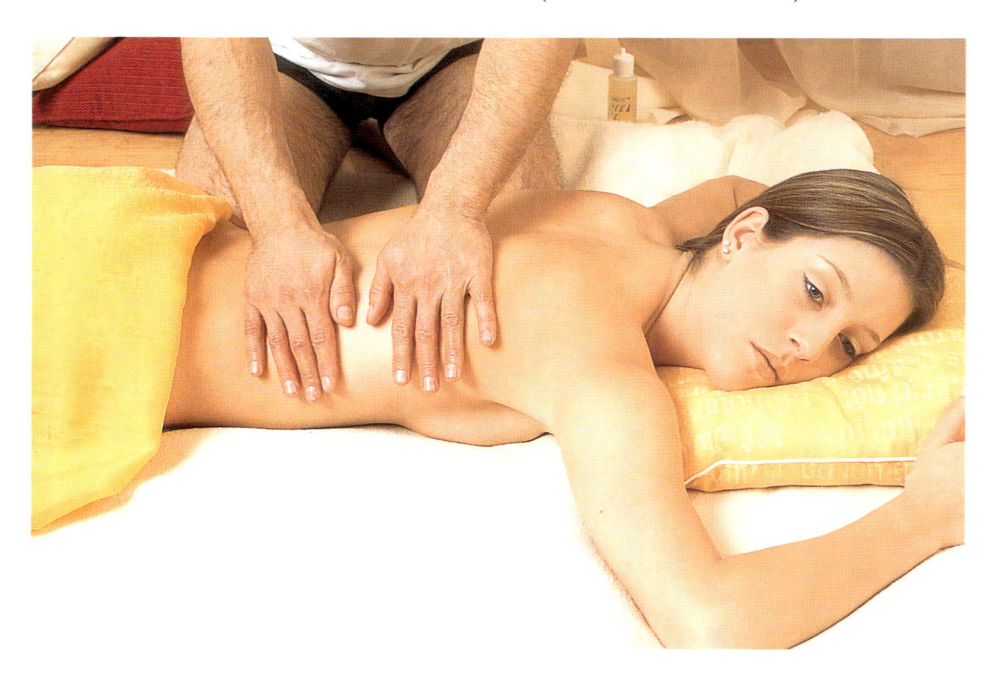

Sitúe las palmas de las manos hacia el centro de la mitad de la espalda más lejana a usted.

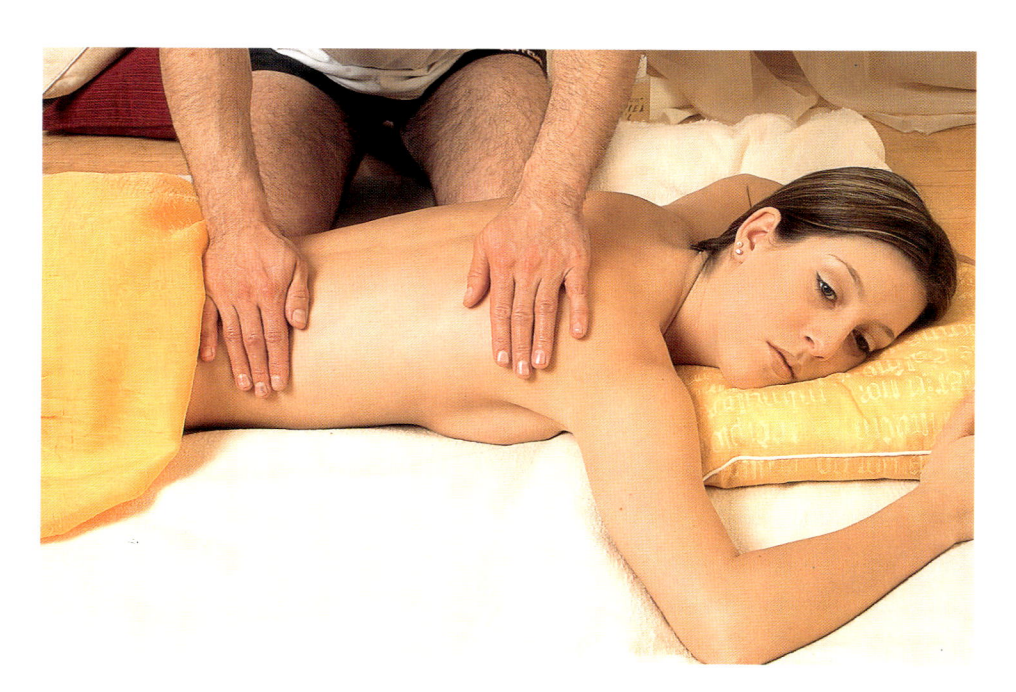

Separe gradualmente las manos con una presión firme; una mano se deslizará hacia la cabeza mientras que la otra baja hasta la base de la espalda. Apóyese en las manos usando el peso del cuerpo para ejercer una presión extra.

Repita en el lado más próximo de la espalda.

LA SECUENCIA DEL MASAJE SENSUAL

PASO 6. ESTIRANDO LA ESPALDA (ANTEBRAZOS)

Para estirar realmente la espalda los antebrazos son un instrumento ideal. Ponga ambos antebrazos en posición horizontal sobre la espalda en el lado más alejado de usted.

Sepárelos gradualmente de forma que un antebrazo se deslice hacia el cuello y el otro se mueva hacia las nalgas. Repita en el lado de la espalda más cercano a usted.

LA SECUENCIA DEL MASAJE SENSUAL

Paso 7. ARRASTRE EN AMBOS LADOS DE LA ESPALDA

Arrodíllese de forma cómoda al lado de su pareja enfrente de la zona de las nalgas, sitúe ambas manos en el lado opuesto a usted con la yema de los dedos apenas tocando la superficie a trabajar.

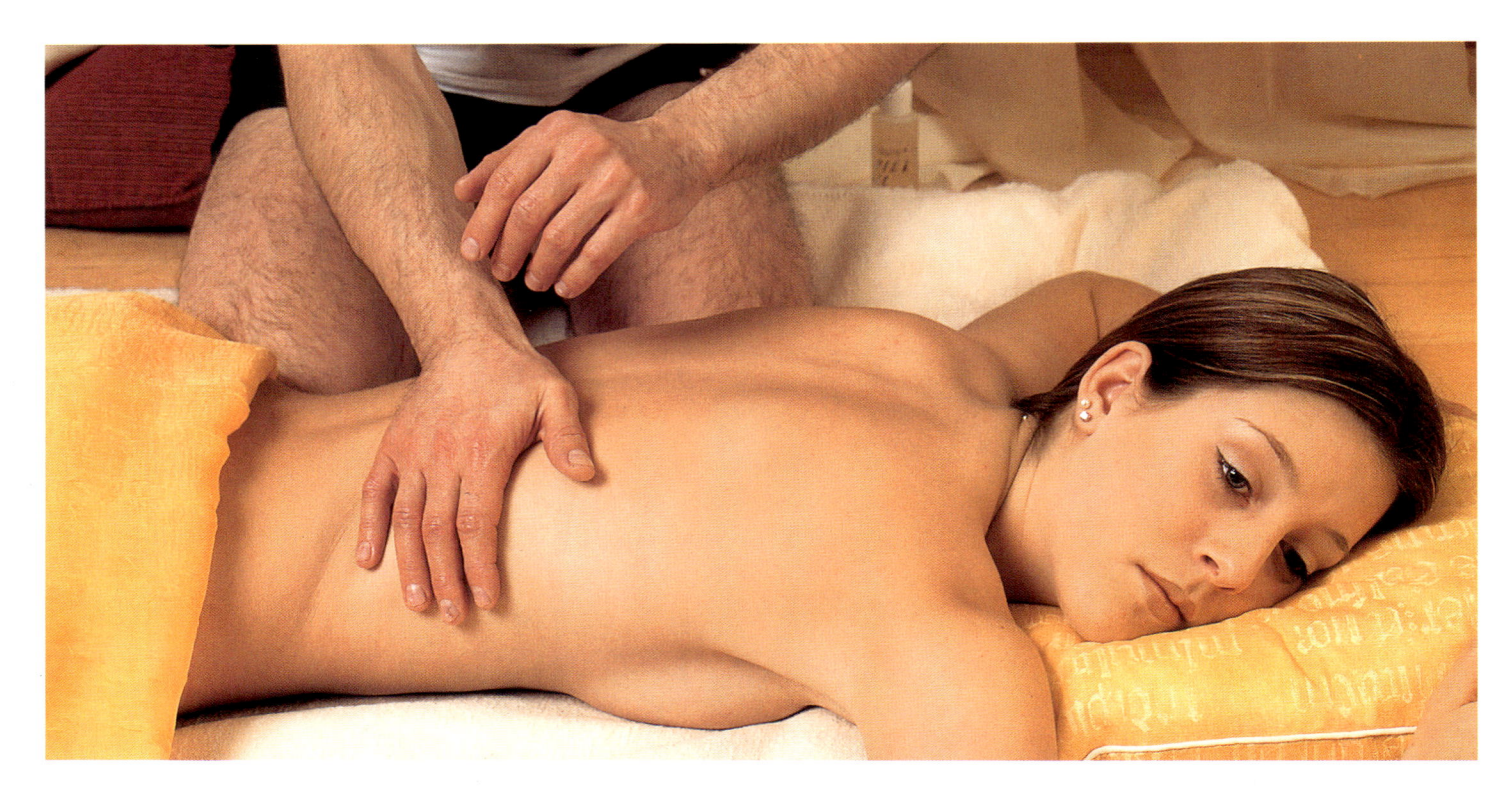

Apóyese sobre el cuerpo y arrastre el lateral de la espalda con una mano.

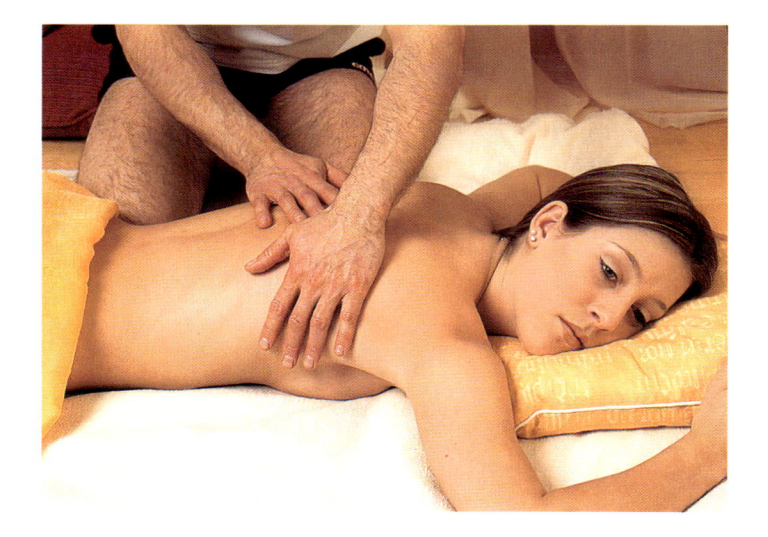

Mientras esta mano alcanza la parte superior de la espalda y se levanta, arrastre el lateral con la otra mano. Mientras arrastra con manos alternadas, trabaje la espalda. Cuando llegue a la parte superior baje hasta la inferior.

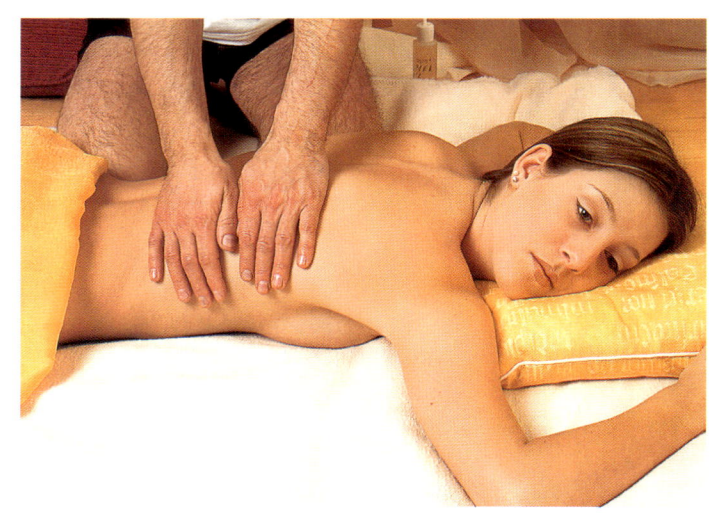

Ahora realice estos movimientos arrastrando con ambas manos a la vez.
El paso 7 debe repetirse en su totalidad en el otro lado de la espalda.

LA SECUENCIA DEL MASAJE SENSUAL

PASO 8. AMASAR AMBOS LADOS DE LA ESPALDA

A estas alturas su pareja estará completamente relajada (posiblemente incluso dormida), y preparada para algunos movimientos más profundamente sensuales. Amasar es excelente para relajar los músculos de los muslos y para eliminar toxinas. Sitúese al lado del cuerpo enfrente de las nalgas y sitúe sus manos sueltas en el lado de la espalda opuesto a usted.

Comenzando por la zona de las nalgas, y empleando una mano, agarre y apriete el músculo (no la piel) entre sus pulgares y el resto de los dedos, llevándolo a la otra mano. Mientras lo suelta, use la otra mano para agarrar y apretar un nuevo puñado de carne.

Mientras trabaja un lado de la espalda observará que este movimiento es mucho más fácil de realizar alrededor del área carnosa de la cintura.

LA SECUENCIA DEL MASAJE SENSUAL

Paso 9. Presiones circulares con los pulgares en los músculos espinales

Ahora va a intentar desenmarañar los nudos que se forman fácilmente a cada lado de la espina dorsal. Este movimiento resulta más efectivo si se sienta a horcajadas en el cuerpo de su pareja, aunque si lo prefiere es posible trabajarlo desde un lado.

Busque los dos hoyuelos que existen en la base de la espina dorsal. Sitúe las yemas de los pulgares en esos hoyuelos.

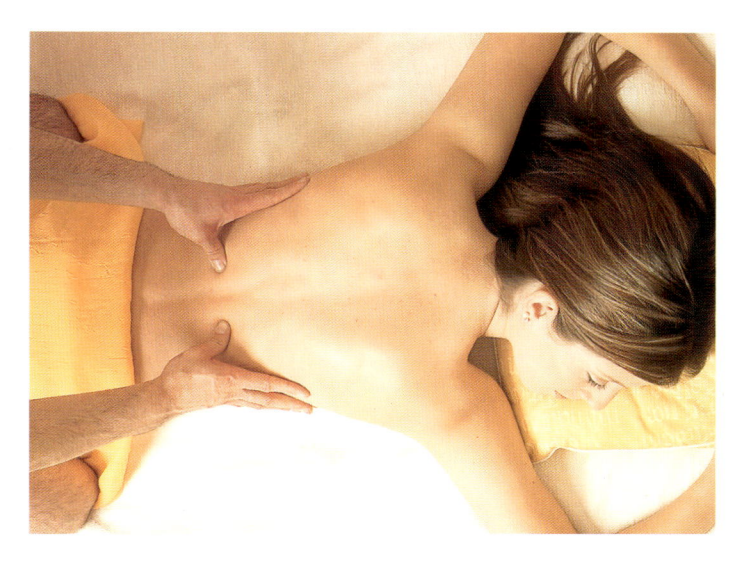

Al llegar a la base del cuello, deje que sus manos se deslicen al punto de inicio sin presión.

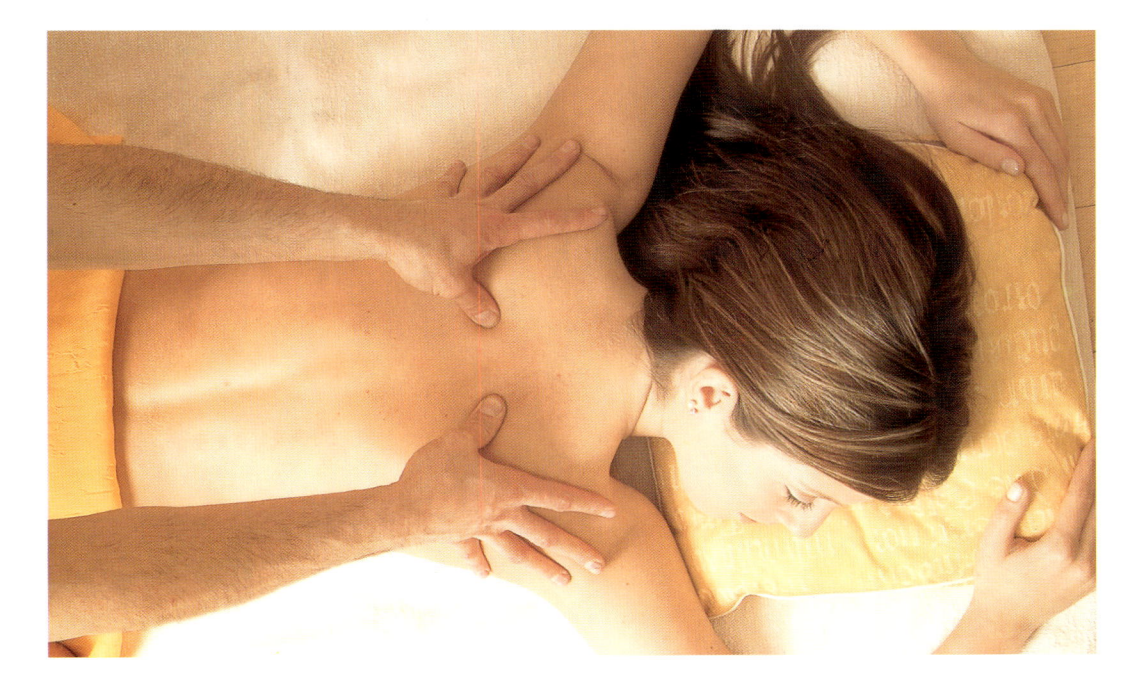

Si descubre nudos y nódulos pruebe a deshacerlos suavemente. Puede realizar un movimiento circular con los pulgares hacia fuera de la zona de los muslos o bien para una penetración más profunda sitúe un pulgar sobre el otro y presione despacio y profundamente el área afectada.

Realice movimientos circulares pequeños, lentos y firmes hacia fuera con los pulgares dirigiéndose hacia el cuello. Intente mantener los pulgares paralelos y a la misma distancia mientras trabaja la espalda.

LA SECUENCIA DEL MASAJE SENSUAL

PASO 10. EMPUJAR HACIA ABAJO LOS LADOS DE LA ESPALDA

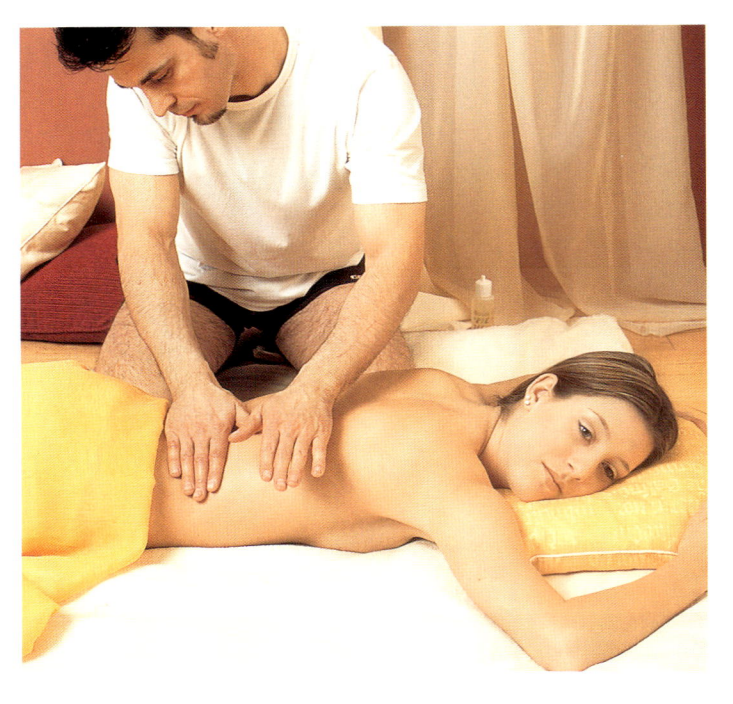

Arrodíllese de forma cómoda al lado de su pareja y sitúe las palmas de las manos boca abajo en el lado opuesto de la espalda, pero SIN tocar la espina dorsal.

Con manos alternadas trabaje la espalda hacia arriba y hacia abajo empujando cuando bajen.

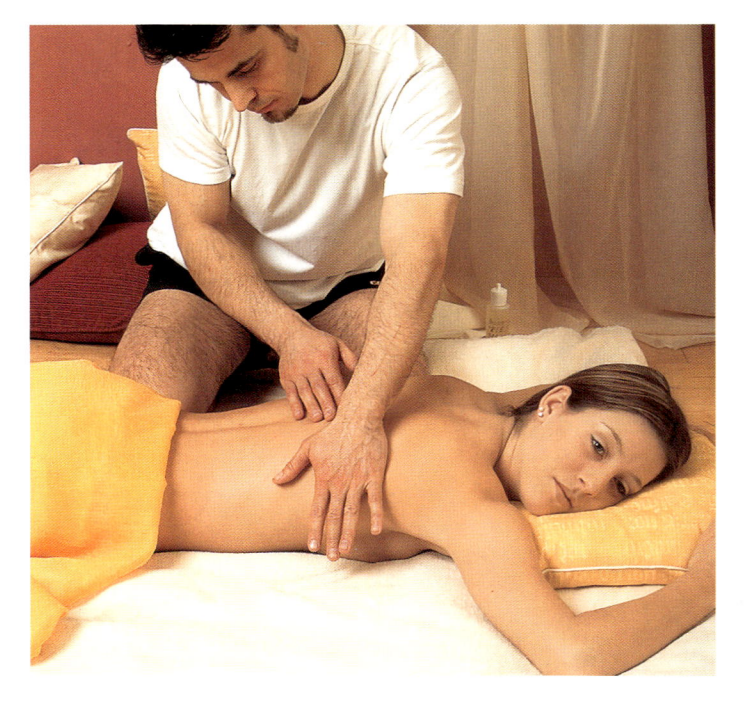

Una mano debería seguir de cerca a la otra para establecer un buen ritmo.

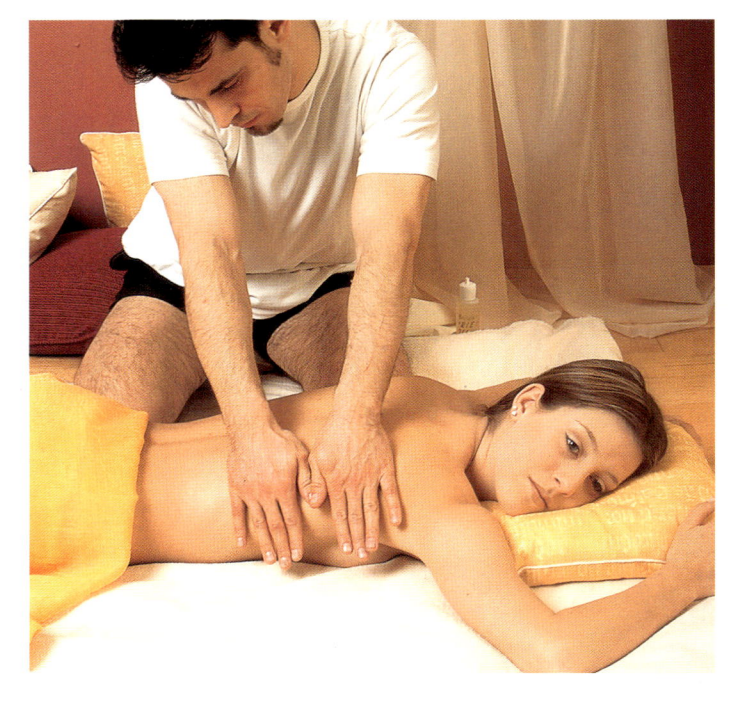

Si lo desea puede empujar hacia abajo empleando las dos manos a la vez. Estos movimientos son relajantes y ayudan a eliminar las toxinas acumuladas alrededor de la espina dorsal.

LAS NALGAS

Las nalgas acumulan una gran tensión que puede ser fácilmente eliminada. Constituyen también una zona muy sensual y contienen muchos puntos de presión que pueden mejorar la respuesta sexual.

PASO 11. CARICIAS CIRCULARES EN LAS NALGAS

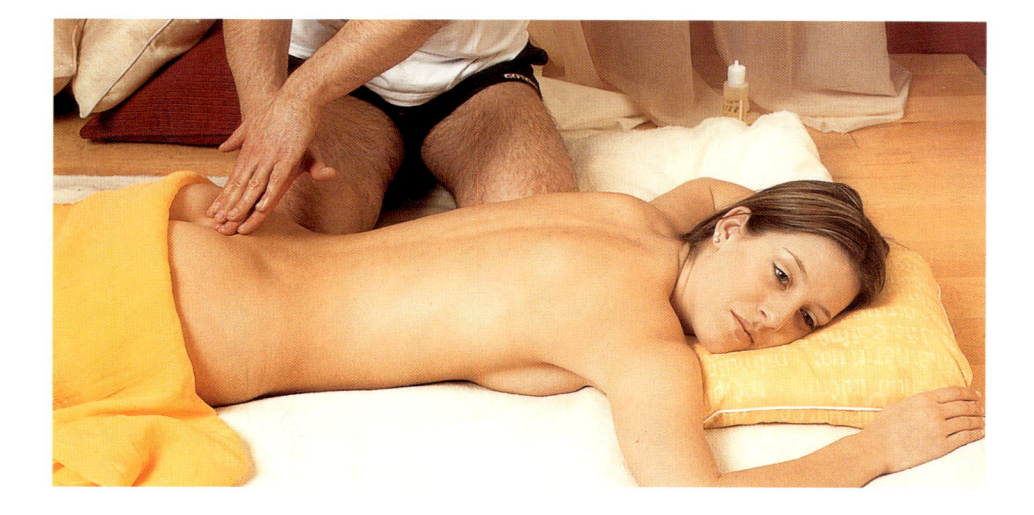

Sitúese al lado de su pareja y ponga una mano suelta encima de la otra en una de las nalgas. Realice amplios movimientos en forma de ocho sobre una nalga y luego sobre la otra.

PASO 12. AMASAR LAS NALGAS

Para amasar los músculos de las nalgas sitúe la palma de sus manos hacia abajo y agarre y apriete la carne con una mano y llévela hacia usted. Repita con la otra mano. Alternativamente apriete y suelte hasta completar toda la zona de las nalgas.

La secuencia del masaje sensual

Paso 13. Presiones en los puntos que despiertan el deseo sexual

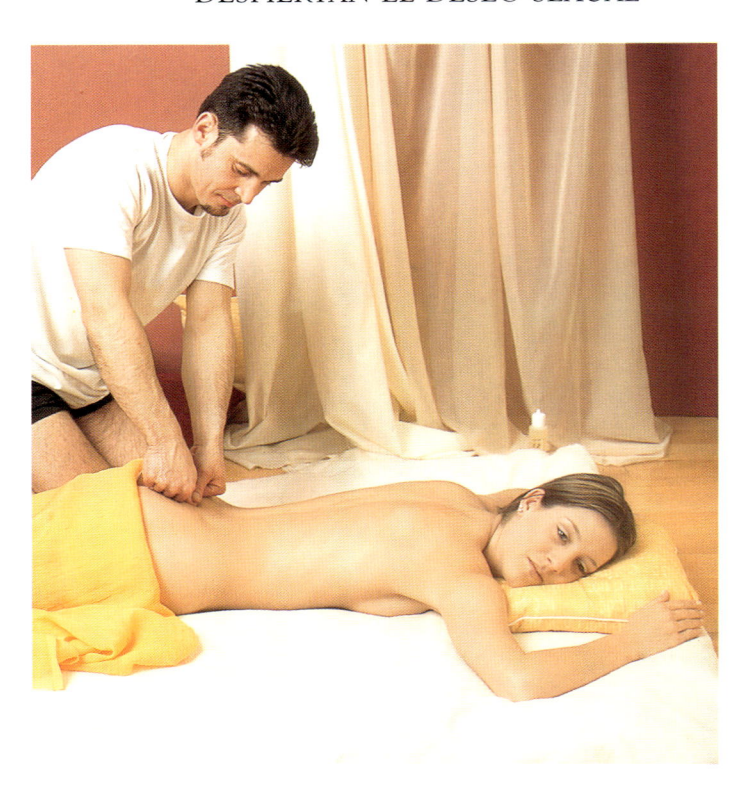

Para aumentar el deseo y el vigor sexual, comience justo en la parte inferior de las nalgas. Emplee una presión muy suave en movimientos pequeños y circulares con un pulgar encima del otro desde la base hasta la parte superior de las nalgas, deslizándose hacia arriba en una línea recta.

Paso 14. Con los nudillos en las nalgas

Para realizar este movimiento cierre las manos en puños y ponga uno en cada nalga. Haga movimientos circulares con la sección media de los dedos sin levantar las manos del cuerpo. Estos movimientos con los nudillos dispersan las toxinas acumuladas y también aseguran que todos los puntos que despiertan el deseo sexual han sido masajeados.

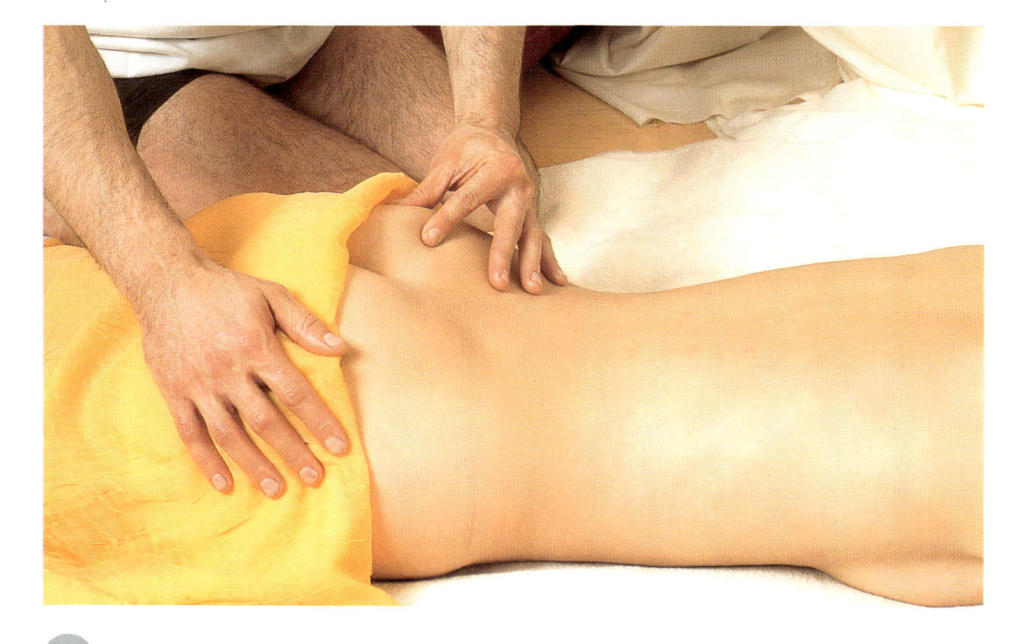

Paso 15. Pellizcar las nalgas

Los pellizcos constituyen un movimiento muy sensual si se aplican sobre las nalgas y además añaden el beneficio de ayudar a tonificar y mantenerlas en forma. Sitúe ambas manos en las nalgas. Coja suavemente pequeños puñados de carne entre los pulgares y los dedos y deje que resbalen por sus manos.

LA SECUENCIA DEL MASAJE SENSUAL

EL CUELLO Y LOS HOMBROS

Siempre encontrará agarrotamiento y rigidez en esta zona. Es muy común encorvar los hombros o echarlos hacia delante. La tensión en la zona del cuello también está casi siempre presente y a menudo produce dolores de cabeza y migrañas.

PASO 16. MOVIMIENTOS CIRCULARES EN LOS OMOPLATOS

Sitúe una palma de la mano boca abajo en el omoplato derecho y la otra en el izquierdo.

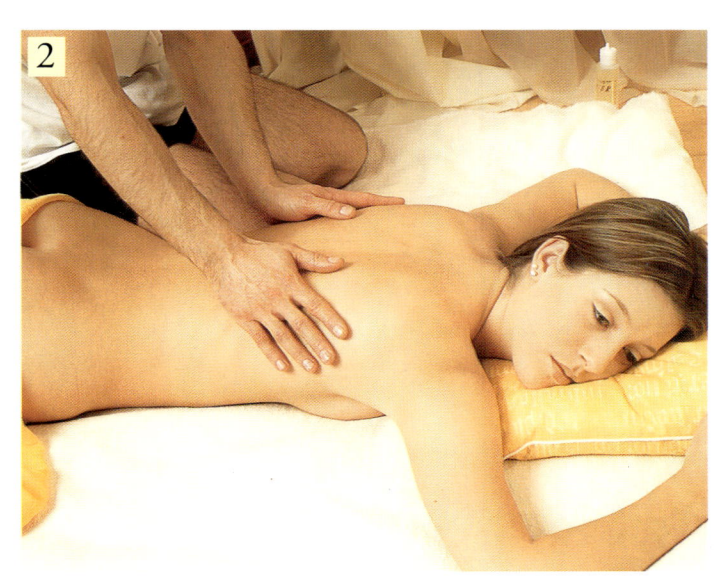

Realice amplios círculos con ambas manos hacia fuera y de forma simultánea (1, 2).

La secuencia del masaje sensual

Paso 17. Movimientos circulares sobre el hombro, una mano encima de la otra

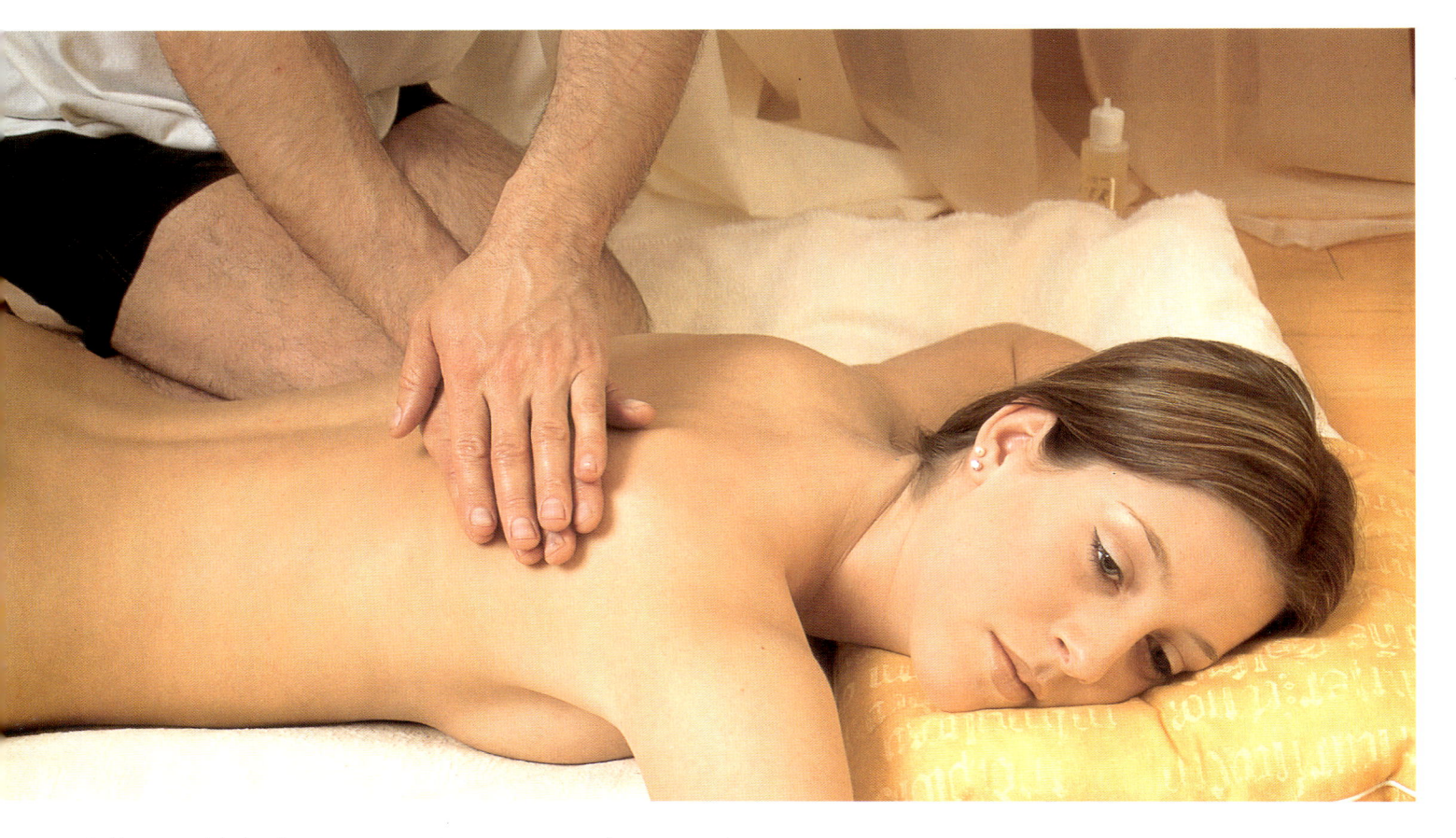

Colóquese al lado de su pareja. Sitúe una mano suelta encima de la otra y emplee toda la mano para realizar amplios movimientos circulares alrededor y encima del omoplato opuesto a usted.

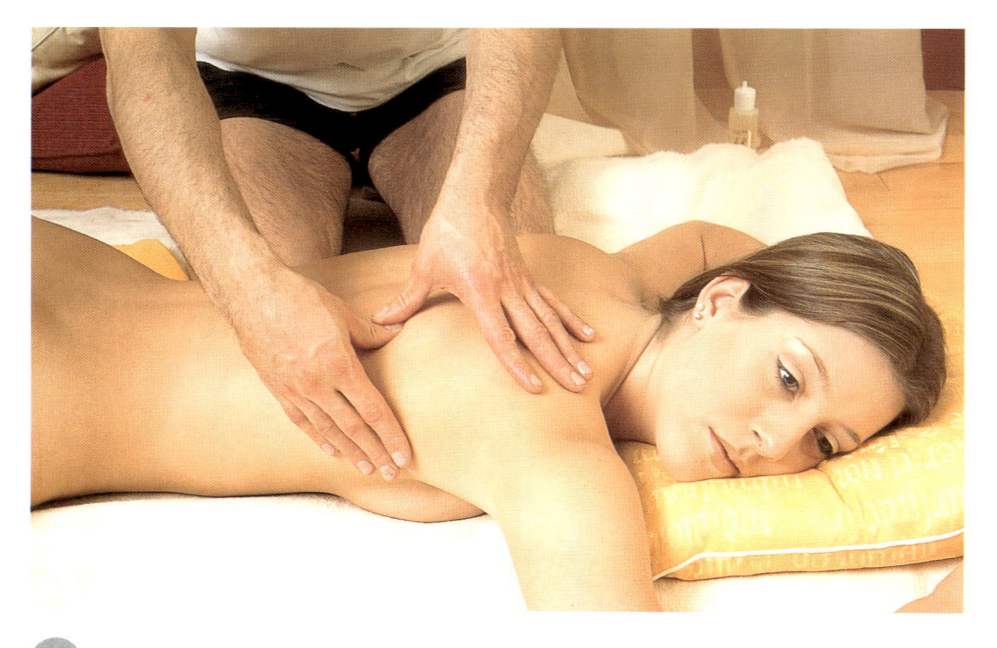

Paso 18. Presiones con los pulgares alrededor de los omoplatos

Ahora que ha calentado y aflojado la zona, va a trabajar en mayor profundidad para eliminar la tensión que se acumula alrededor del omoplato. Aun trabajando el hombro opuesto a usted, sitúe las yemas de los pulgares en la parte inferior del omoplato y realice pequeños movimientos circulares a su alrededor, trabajando gradualmente hacia arriba.

Repita los pasos 17 y 18 en el otro omoplato.

LA SECUENCIA DEL MASAJE SENSUAL

Paso 19. AMASAR LOS HOMBROS

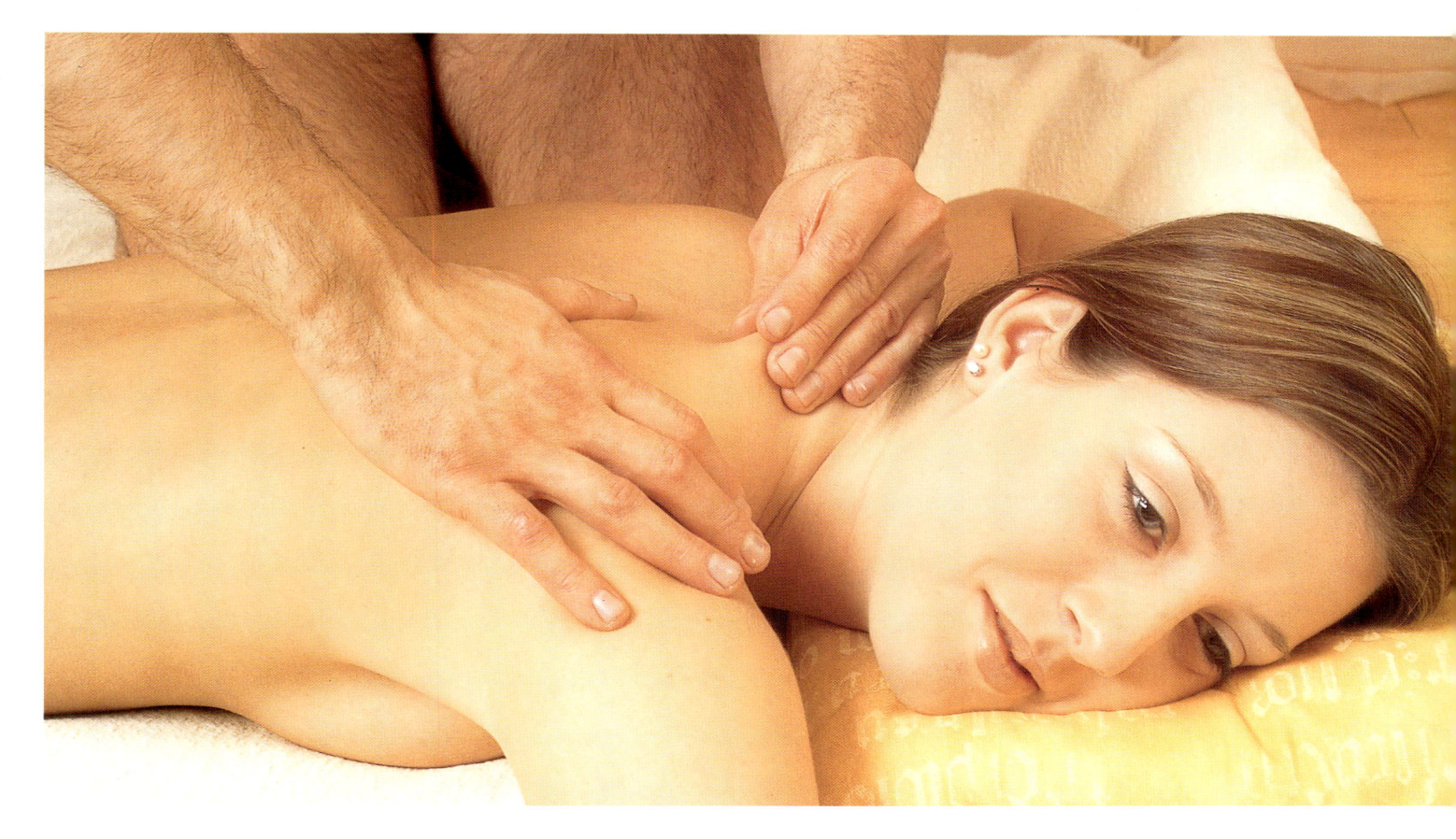

Trabaje la parte superior de los hombros de forma rítmica, agarrando y llevando la carne hacia usted con manos alternadas.

Paso 20. AMASAR EL CUELLO

Pida a su pareja que ponga la frente entre las manos para estirar la parte posterior del cuello. Sitúe ambas manos amoldándolas a los contornos del cuello. Muy SUAVEMENTE agarre y apriete los músculos del cuello, asegurándose de que emplea toda la mano y no sólo los dedos, que podrían pellizcar.

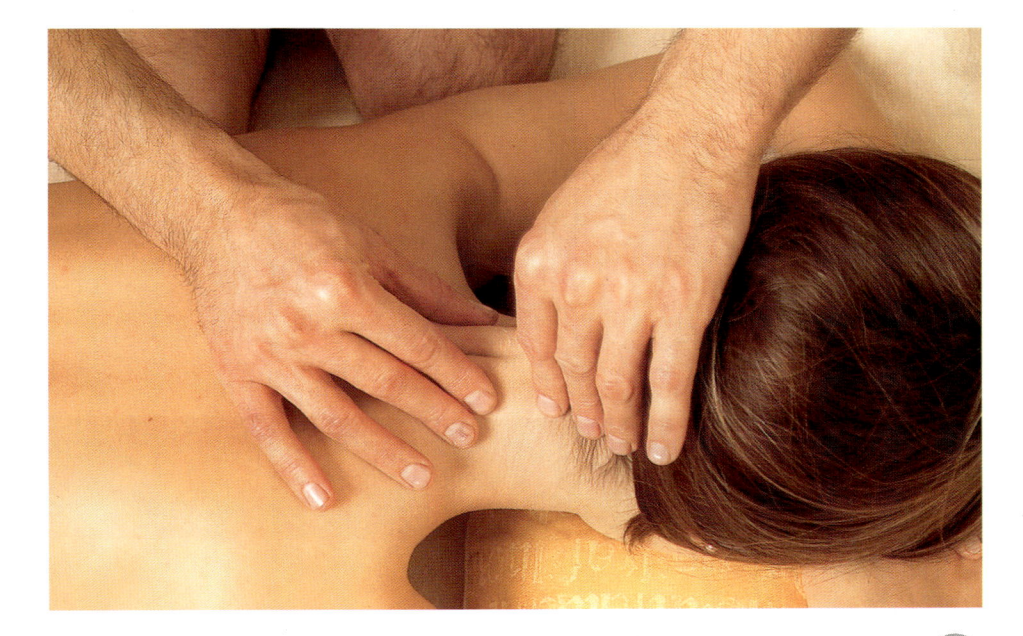

La secuencia del masaje sensual

LA SECUENCIA DEL MASAJE SENSUAL

PASO 21. CARICIAS LARGAS EN TODA LA ESPALDA

Sitúese de rodillas cerca de la cabeza de su pareja, en una postura cómoda. Coloque las palmas de las manos boca abajo en la parte superior de los hombros. Acaricie toda la espalda con movimientos hacia abajo y por las nalgas. Deje que sus manos se deslicen hasta el punto de partida sin ningún tipo de presión.

PASO 22. CARICIAS DIAGONALES

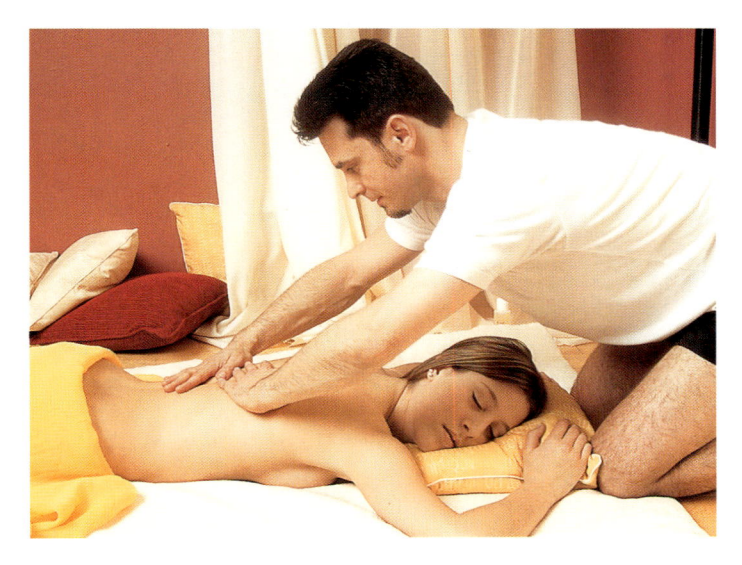

Aún de rodillas cerca de la cabeza de su pareja, deje que las manos, con las palmas hacia abajo, descansen cruzadas una encima de la otra en la base del cuello. Sepárelas despacio de forma que al llegar a los lados del cuerpo hayan formado una "V". Deslícelas despacio hacia atrás y repita este movimiento hasta que llegue a las nalgas. También puede trabajar desde las nalgas hacia el cuello.

PASO 23. LA CARICIA DE GATO

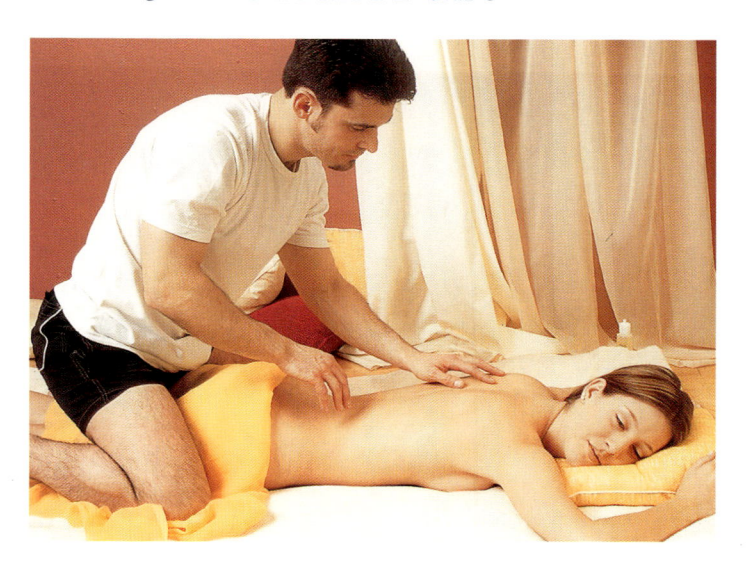

Sitúese al lado de las nalgas de su pareja o siéntese a horcajadas encima de él/ella. Ponga la palma de la mano derecha hacia abajo en la base del cuello y acaricie despacio la espalda empleando casi ninguna presión. Mientras su mano derecha alcanza las nalgas, levántela y repita el movimiento con la mano izquierda. Repita estos movimientos varias veces, una mano siguiendo a la otra. Debería parecer un movimiento continuo.

LA SECUENCIA DEL MASAJE SENSUAL

Paso 24.
CARICIAS CON EL DORSO DE LAS MANOS

Sitúe el dorso de las manos en la parte superior del cuerpo, una a cada lado de la espina, y acaricie la espalda hacia las nalgas. Entonces deslice el dorso de las manos hacia la posición inicial, moviéndose por los lados del cuerpo.

Paso 25.
EL TOQUE FINAL. CARICIAS CON LAS YEMAS DE LOS DEDOS

Trabajando desde el lado más próximo a las nalgas o sentándose a horcajadas encima de su pareja acaricie la espalda muy lentamente, empleando sólo la yema de los dedos de forma que apenas toque la piel.

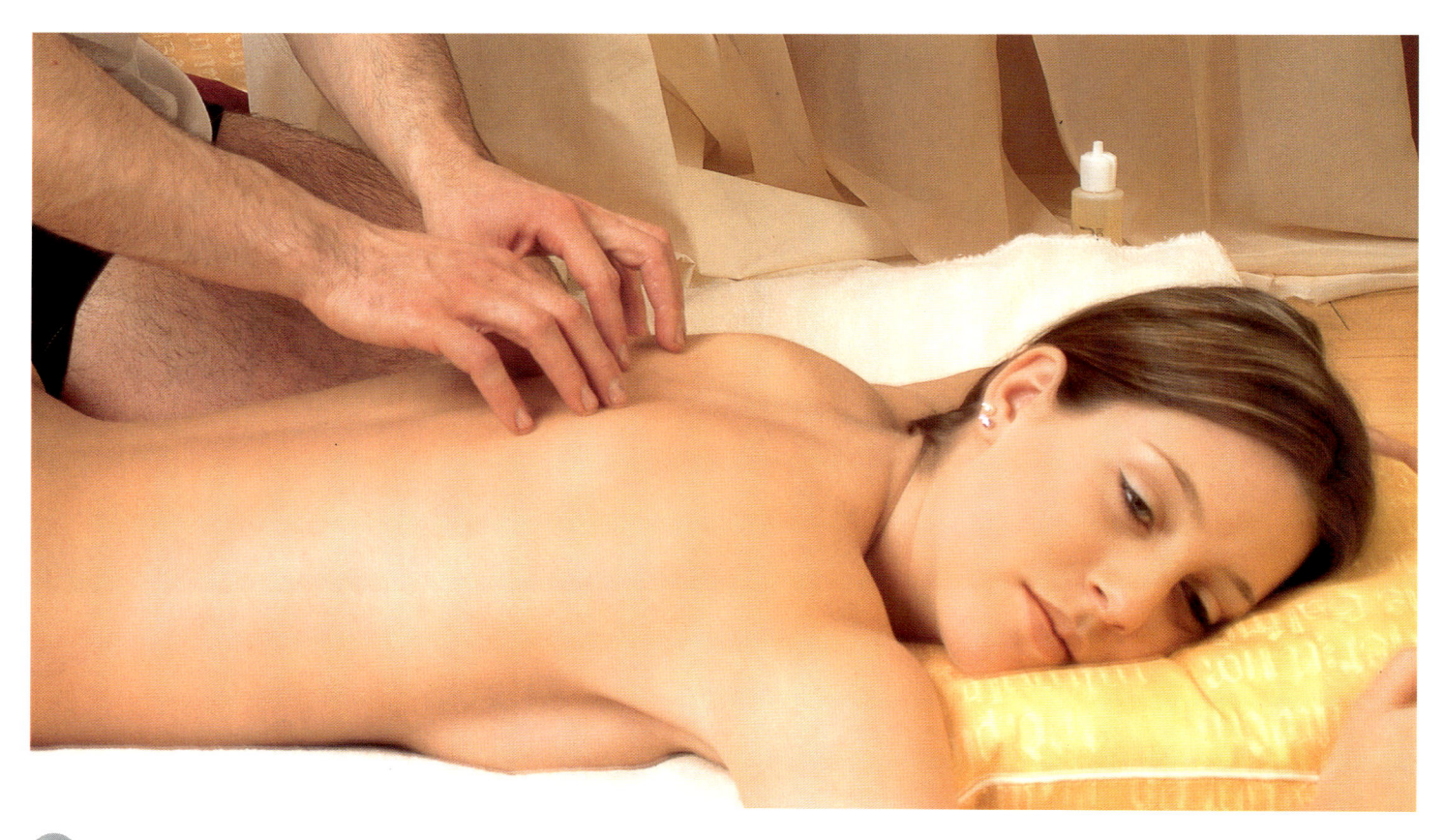

La secuencia del masaje sensual

El masaje sensual de la parte posterior de la pierna

El masaje en las piernas resulta muy beneficioso, ya que mejora la circulación, ayuda a prevenir las varices, alivia los agarrotamientos y los calambres de los músculos, reduce la hinchazón en la zona inferior de la pierna y los tobillos y combate la celulitis. También es muy sensual, en particular, la zona interior de los muslos. Esta sección describe sólo unos pocos movimientos que resultarán de gran utilidad para trabajar las piernas.

Paso 1. Entrando en contacto con las piernas

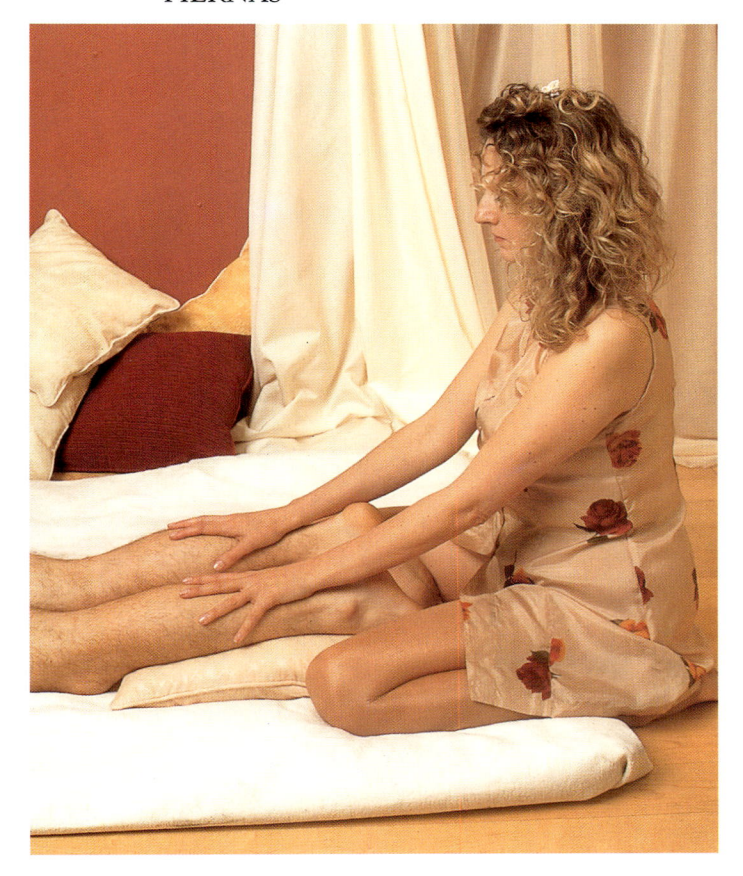

Arrodíllese al lado de los pies de su pareja y apoye una mano en cada pierna. Respire profundamente dos veces hasta que sienta que las tensiones se disipan.

Paso 2. Caricias largas en las piernas

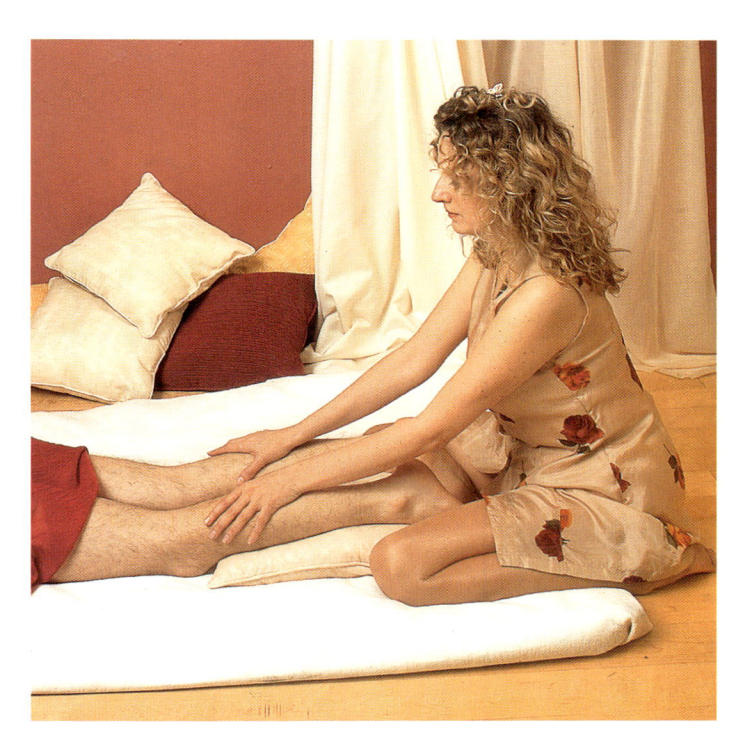

Sitúe la palma de las manos en la parte posterior de los tobillos. Acaricie ambas piernas desde los tobillos hasta las nalgas, moldeando sus manos a los contornos de las piernas.

Deslice sus manos hacia abajo muy ligeramente.

LA SECUENCIA DEL MASAJE SENSUAL

PASO 3. AMASAR LA PIERNA

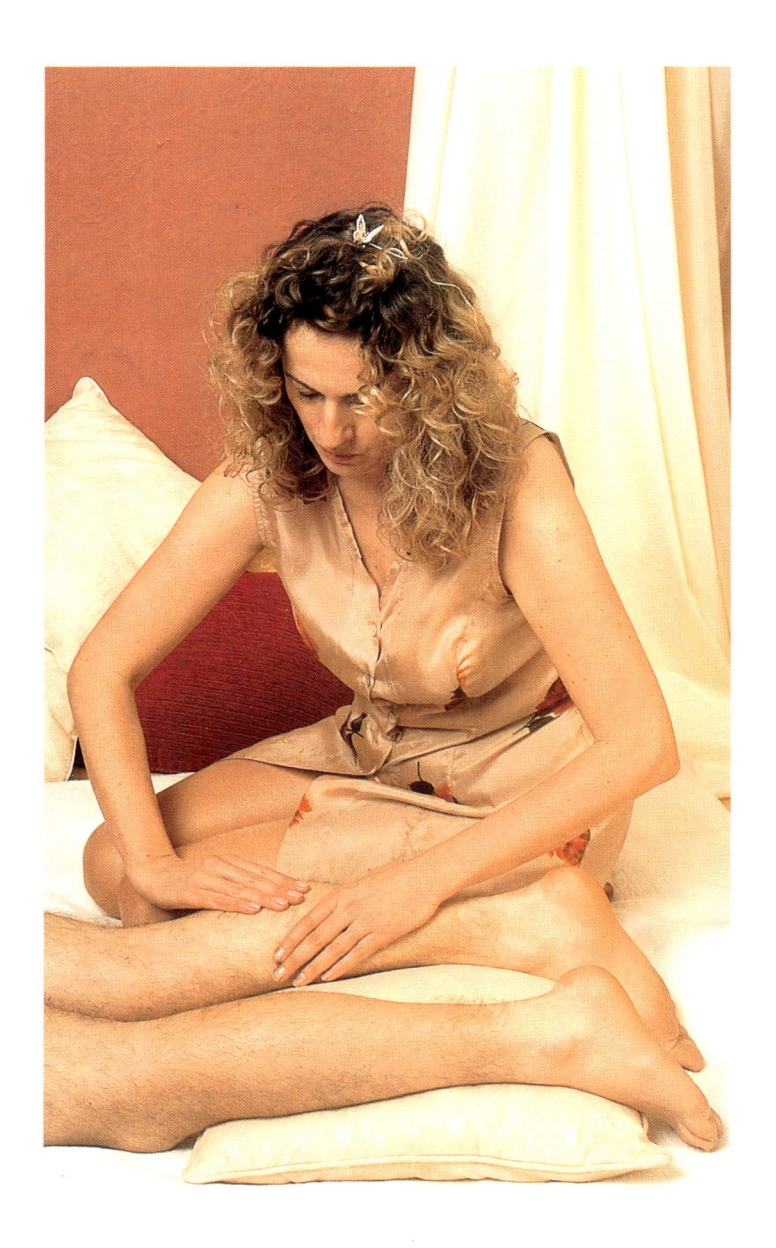

Sitúese al lado de su pareja y ponga ambas manos sueltas en los músculos de las pantorrillas. Con una mano agarre y apriete el músculo (no la piel) y llévelo hacia la otra mano. Mientras lo suelta, emplee la otra mano para agarrar un nuevo trozo de carne.

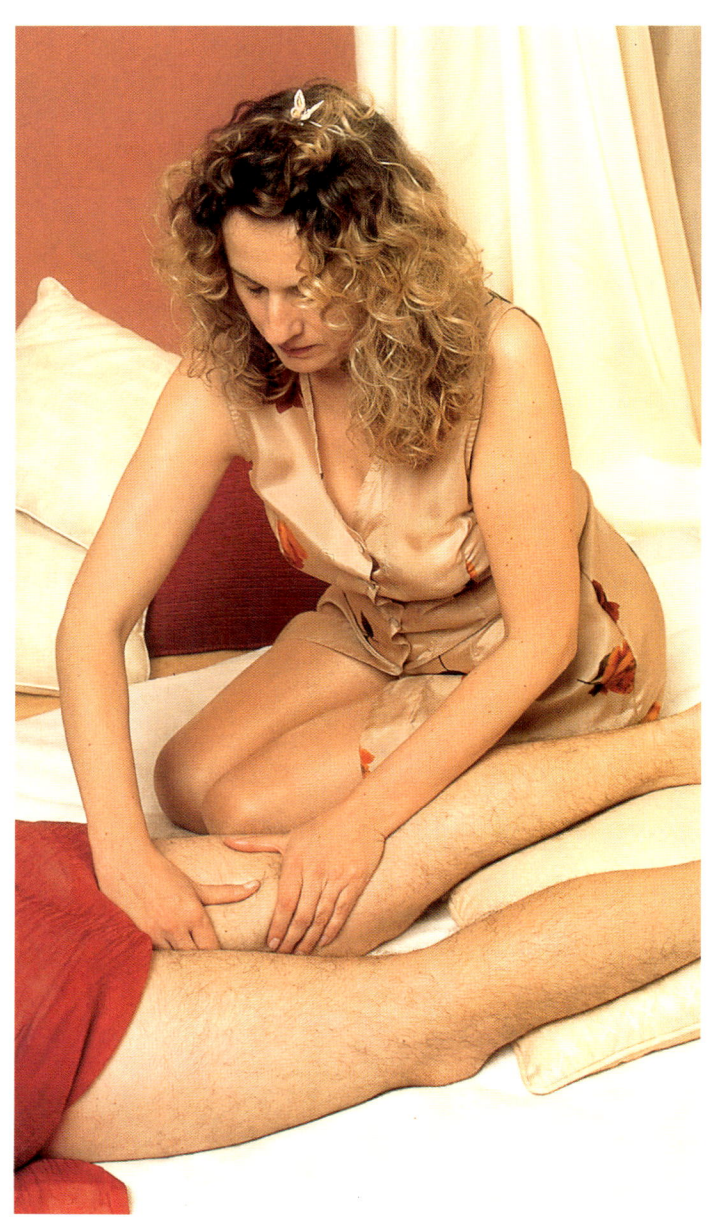

Agarre y suelte alternativamente trozos de carne, trabajando por toda la pantorrilla y el muslo. Mantenga un ritmo lento para una relajación más profunda.

LA SECUENCIA DEL MASAJE SENSUAL

PASO 4. CARICIAS EN LA PARTE POSTERIOR DE LA PIERNA ALTERNANDO EL BORDE DE LAS MANOS

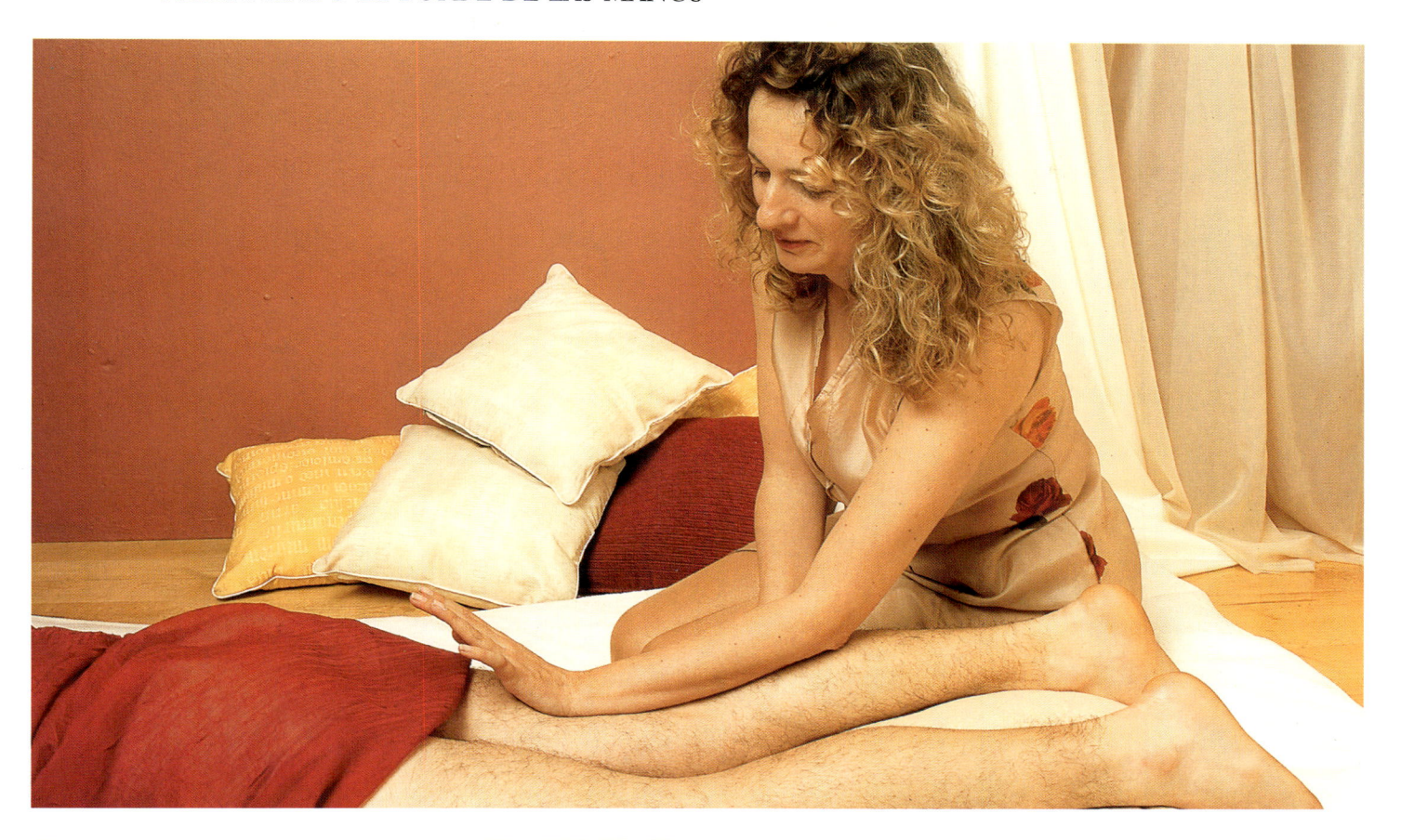

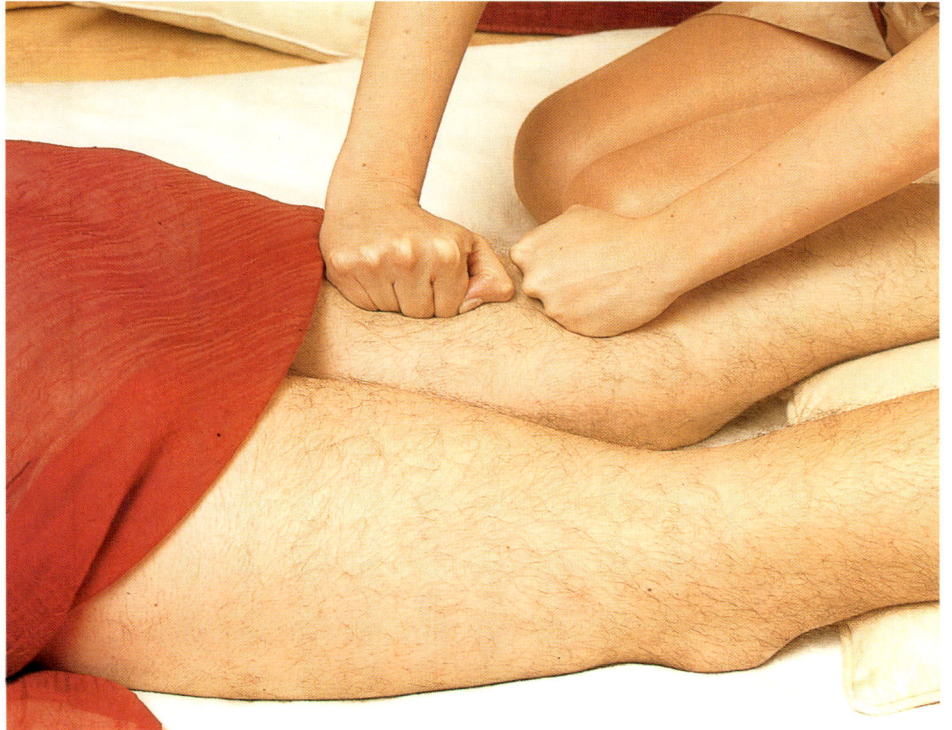

Coloque el borde de sus manos encima de la parte posterior de la rodilla. (No ejerza ninguna presión en la parte posterior de la rodilla, ya que se trata de una zona muy delicada.) Empuje firmemente con una mano hacia el muslo trabajando la pierna, y a continuación empuje con la otra mano. Deje que las manos se muevan alternativamente hacia el muslo.

PASO 5. CON LOS NUDILLOS EN EL MUSLO

Si las piernas están muy congestionadas o está presente la obstinada celulitis, será necesario ejercer movimientos más profundos. Cierre las manos en puño y colóquelos en el muslo. Realice movimientos circulares con los puños para acabar con los depósitos grasos.

LA SECUENCIA DEL MASAJE SENSUAL

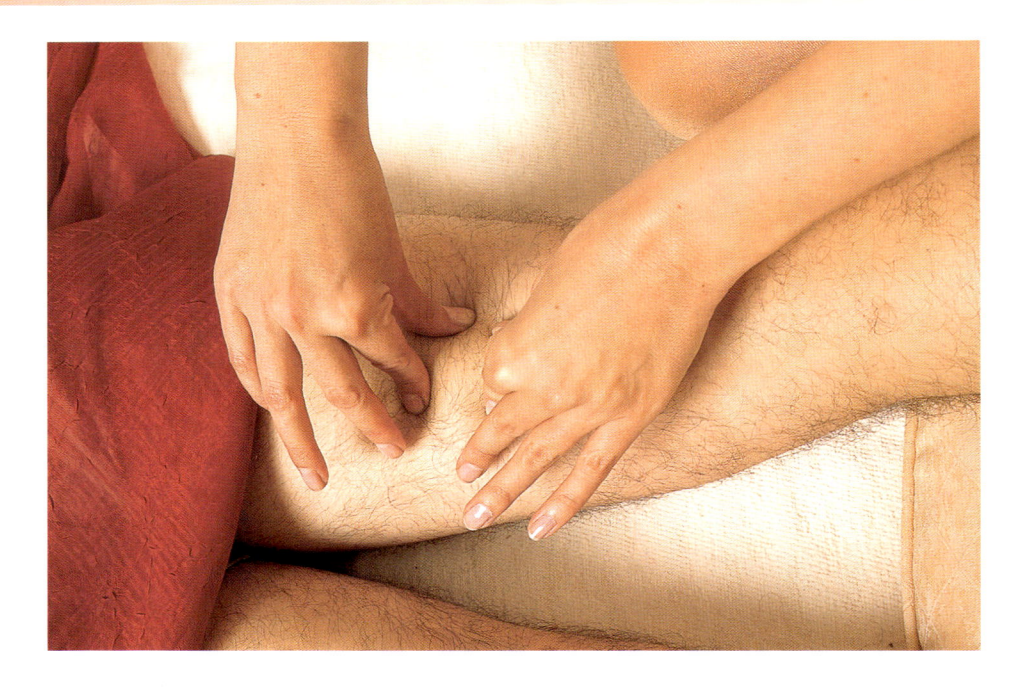

PASO 6. PELLIZCANDO EL MUSLO

Sitúe ambas manos con las palmas hacia abajo, en una zona carnosa de los muslos, y agarre pequeños trozos de carne entre los pulgares y el resto de los dedos. Deje que resbalen por sus manos.

PASO 7. EL TOQUE FINAL. CARICIAS ALTERNANDO LAS YEMAS DE LOS DEDOS

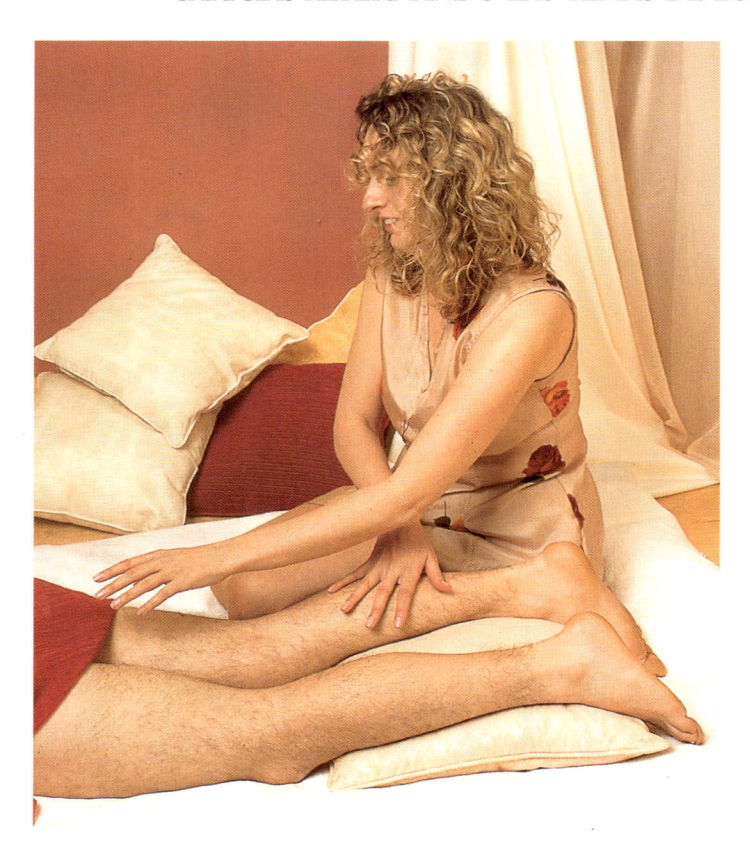

Comenzando por la parte superior del muslo, acaricie lentamente la pierna hacia abajo usando sólo las yemas de los dedos de una mano, de forma que apenas roce la piel.

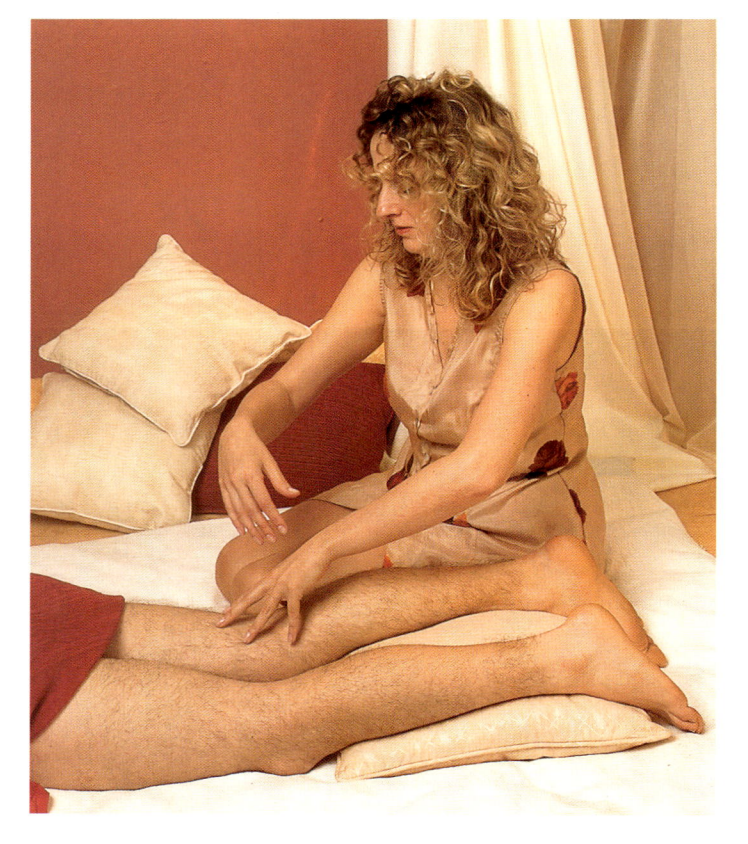

Cuando la primera mano llegue al tobillo levántela suavemente mientras la otra mano comienza el movimiento. Repita del paso 3 al 7 en la otra pierna.

LA SECUENCIA DEL MASAJE SENSUAL

LA PARTE DELANTERA DEL CUERPO

Pida a su pareja que se de la vuelta. Sitúe algunos cojines o almohadas bajo su cabeza y bajo las rodillas para lograr el máximo confort.

PASO 1. ENTRANDO EN CONTACTO CON CARICIAS EN LOS PIES

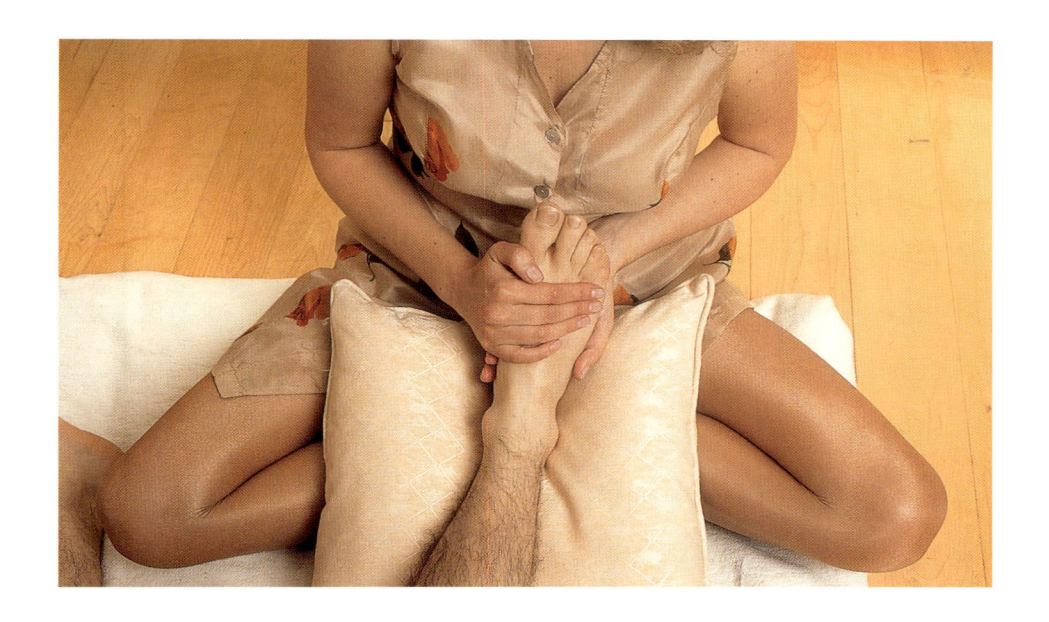

EL MASAJE SENSUAL EN LOS PIES Y LA PARTE DELANTERA DE LAS PIERNAS

El pie es un área muy sensual. Según la reflexología, los pies son precisamente el espejo del cuerpo. Todos los órganos y las partes del cuerpo se encuentran reflejados en miniatura en el pie y por tanto mientras da un masaje este tendrá repercusión sobre todo el cuerpo y no sólo sobre los pies.

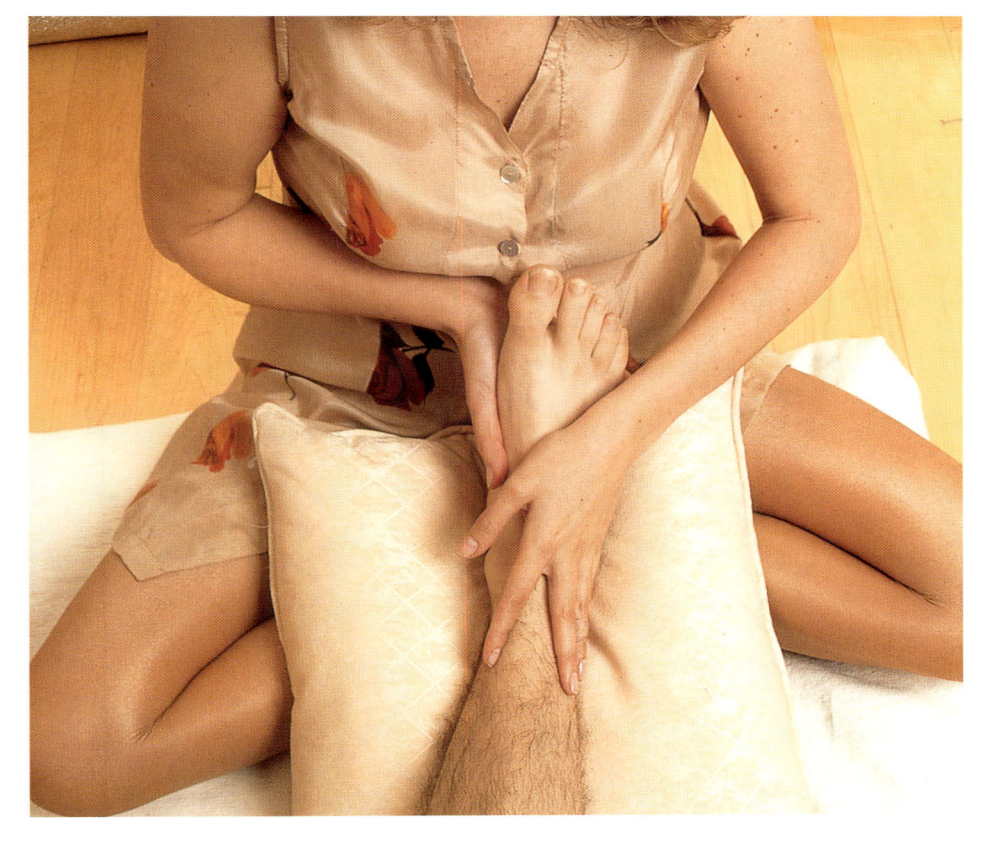

Para trabajar los pies basta con una mínima cantidad de aceite. Demasiado lubricante hará que sea difícil sostener el pie adecuadamente y hará que sus dedos resbalen. Agarre el pie suavemente entre ambas manos para entrar en contacto.

Empleando ambas manos, acaricie todo el pie con firmeza para evitar las cosquillas. Abarque la parte superior, los lados y la planta del pie. Trabaje desde los dedos, deslizándose hasta los tobillos en círculos y vuelva al punto de inicio. Repita varias veces para relajar a fondo el pie y para ayudar a dispersar cualquier exceso de fluido, en especial alrededor de los tobillos.

La secuencia del masaje sensual

Paso 2. Amasar el pie

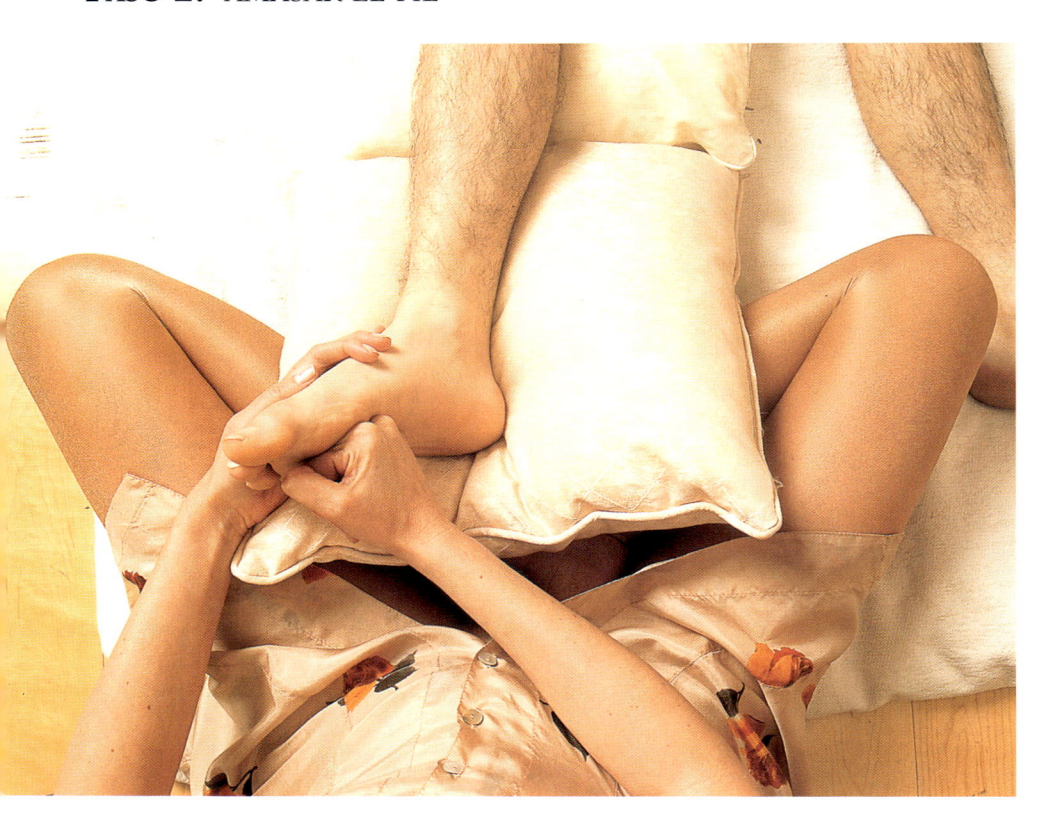

Envuelva el pie con una mano, el pulgar en la planta y el resto de los dedos en la parte superior. Cierre la otra mano en puño y colóquela en el área carnosa del pie. Con movimientos circulares suaves trabaje desde esta zona hasta el talón.

Paso 3. Estirar el pie

Sujetando el pie con ambas manos, coloque los pulgares sobre la planta y el resto de los dedos apoyados sobre la parte superior del pie. Una mano deberá situarse un poco más arriba que la otra. Arrastre con los pulgares hacia fuera llevándolos hacia los bordes del pie y luego deje que se deslicen acercándose. Trabaje con los pulgares en este movimiento en zigzag desde la base de los dedos hasta los talones y al revés, como si estuviese abriendo los pies.

La secuencia del masaje sensual

LA SECUENCIA DEL MASAJE SENSUAL

PASO 4. EMPUJAR EL PIE

Sitúe una mano en la parte interna del pie y la otra en la externa. Con los talones en sus manos, lleve la parte externa del pie hacia usted con una mano mientras empuja la parte interna en dirección opuesta a usted y viceversa. Trabaje a lo largo de los bordes del pie, del talón a los dedos y de nuevo hacia abajo.

PASO 5. SOLTAR LOS DEDOS

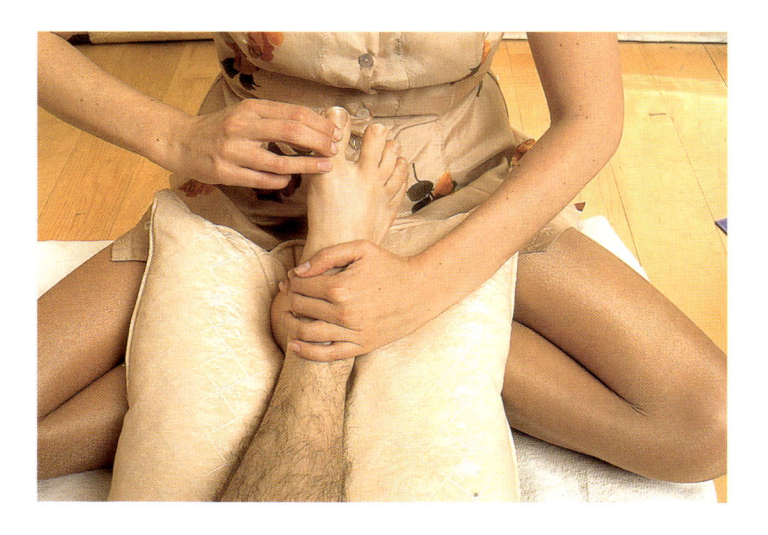

Sujete el pie con una mano, el pulgar en la planta del pie y los dedos envolviendo la parte superior. Con el pulgar y el índice estire suavemente y realice rotaciones en cada dedo del pie en el sentido de las agujas del reloj y al revés.

PASO 6. LIBERAR EL TOBILLO

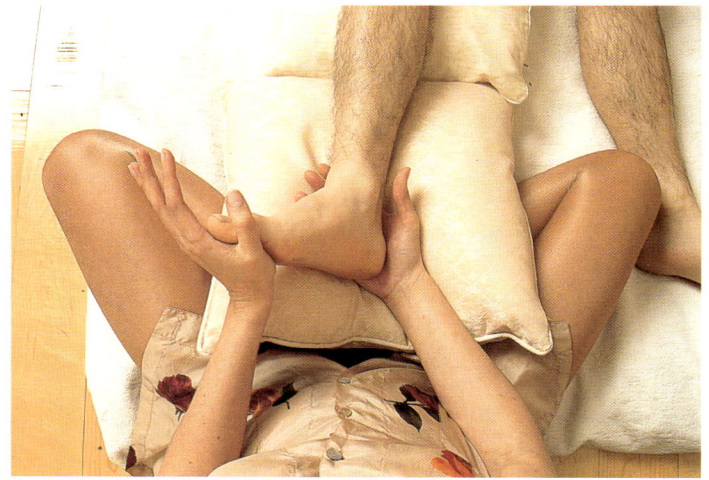

Coja el talón con una mano sujetando la parte superior del pie con la otra. Con movimientos lentos y suaves haga rotar el tobillo primero en una dirección y luego en la otra.

LA SECUENCIA DEL MASAJE SENSUAL

PASO 7. CARICIAS LARGAS EN LA PARTE
DELANTERA DE LA PIERNA

Acaricie la pierna desde el tobillo hasta la parte superior del muslo, haciendo sólo una presión ligera sobre la rodilla. Cuando las manos alcancen la parte superior del muslo haga que se deslicen hacia abajo por los lados de la pierna.

PASO 8. AMASAR EL MUSLO

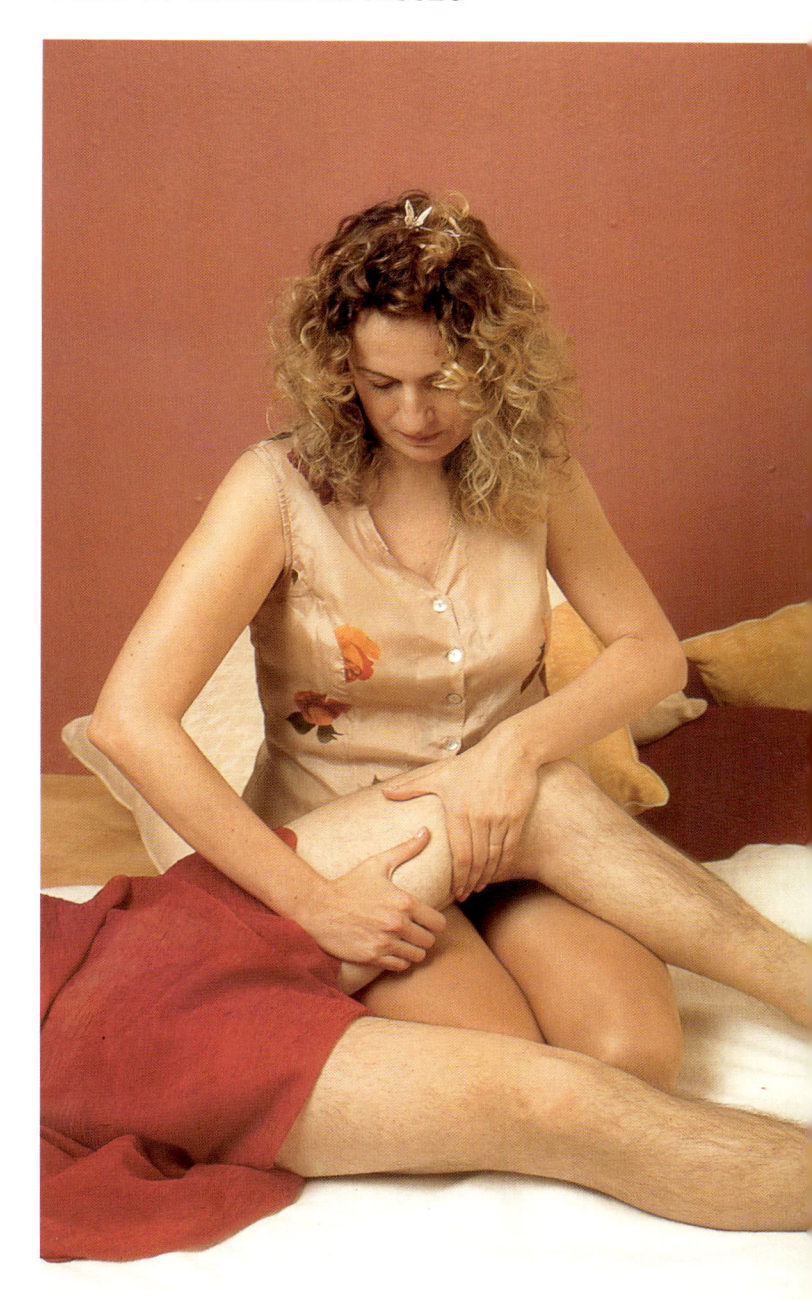

Amase los músculos del muslo agarrando y llevando la carne hacia usted, empleando las manos alternativamente.

La secuencia del masaje sensual

Paso 9. PRESIONES CIRCULARES CON LOS PULGARES EN EL MUSLO

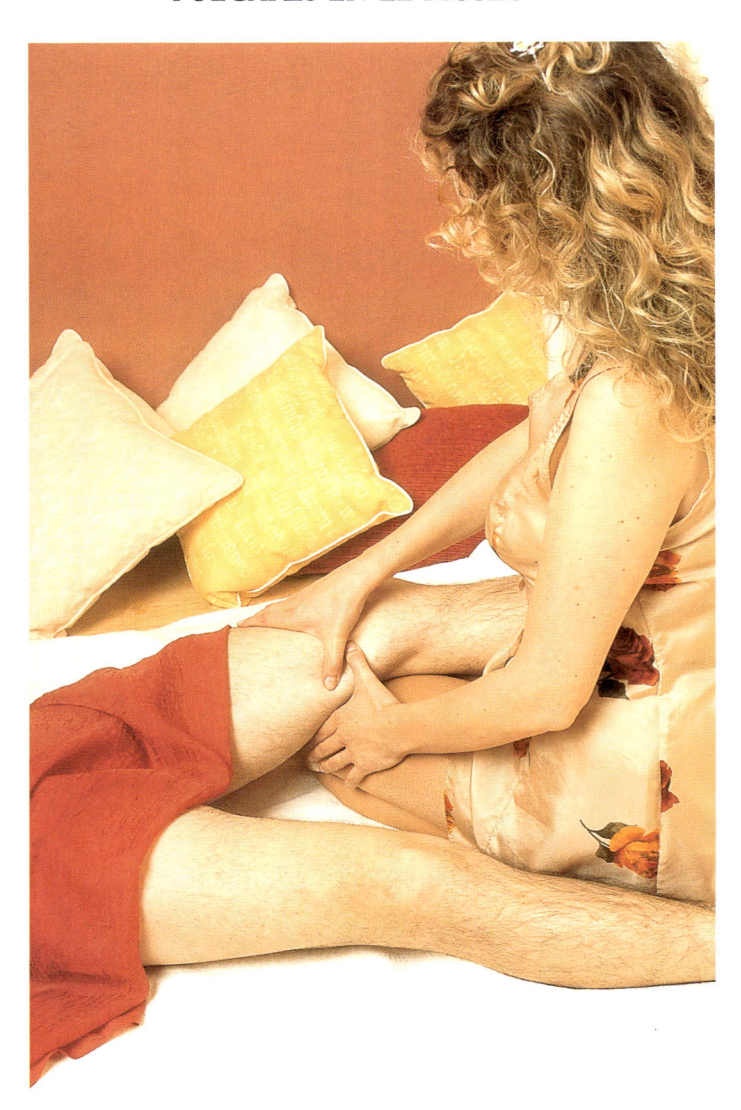

Paso 10. EL TOQUE FINAL. CARICIAS CON LAS YEMAS DE LOS DEDOS

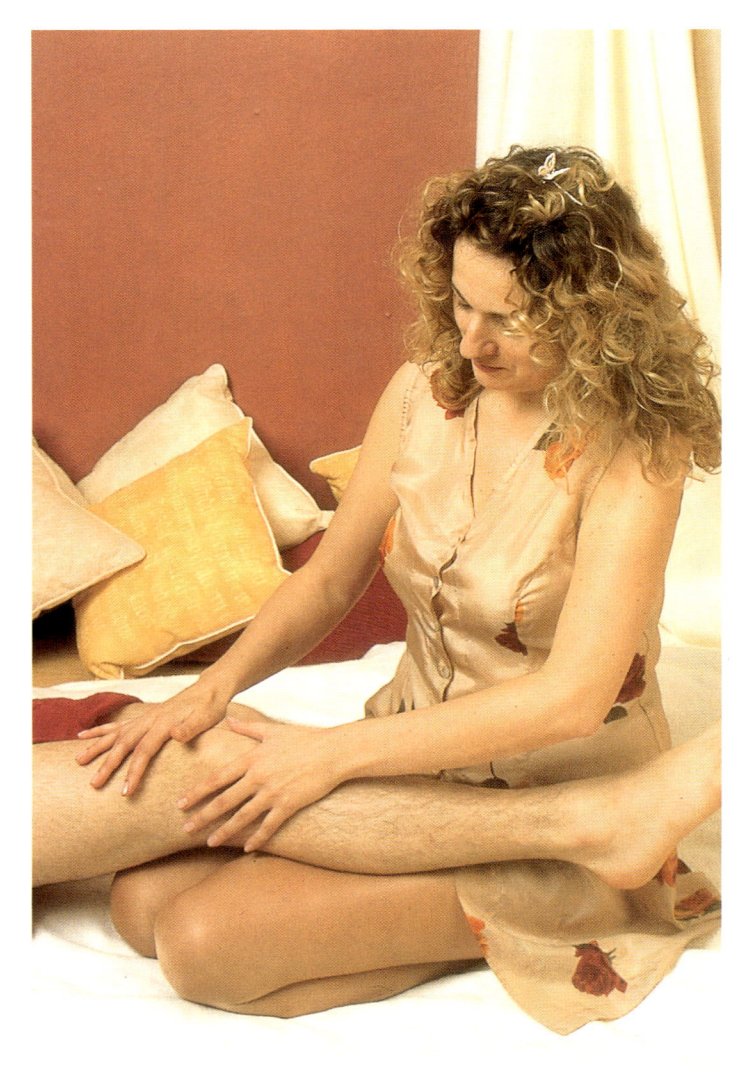

Los puntos que despiertan el deseo sexual son abundantes a lo largo de la parte interior de los muslos. Sin duda, esta zona excitará a su pareja. Sitúe las yemas de los pulgares justo sobre la rodilla en la cara interna del muslo. Realice pequeños movimientos circulares con los pulgares hasta alcanzar la zona púbica.

Sitúe ambas manos, con las yemas hacia abajo, en la parte superior del muslo. Acaricie con ambas manos la pierna hacia abajo, empleando sólo las yemas de los dedos. Resulta muy erótico.
Repita todos los pasos en el otro pie y en la parte delantera de la pierna.

LA SECUENCIA DEL MASAJE SENSUAL

El masaje sensual en el abdomen

El masaje abdominal resulta una experiencia muy gratificante. Logra relajar y libera las tensiones que muchas personas acumulan ahí. Los problemas digestivos como el estreñimiento y la indigestión, así como los problemas con la menstruación, se pueden aliviar con un masaje suave en el abdomen a la vez que se estimulan muchos puntos sensuales de esta zona.

Paso 1. ENTRANDO EN CONTACTO

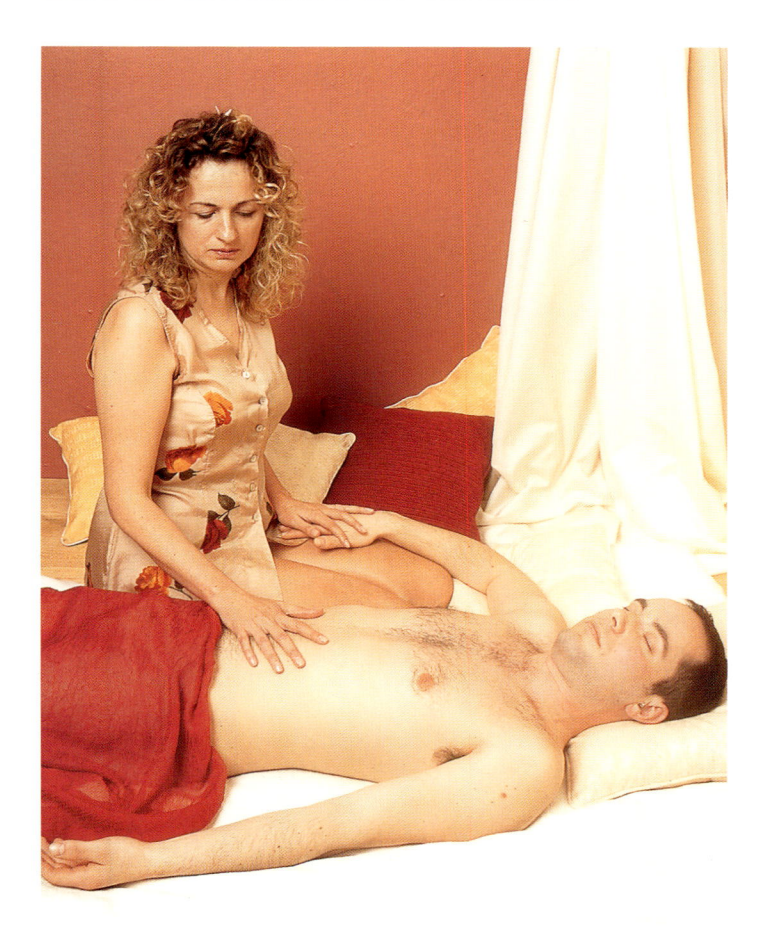

Arrodíllese en una postura cómoda al lado de su pareja. Baje ambas manos suavemente hasta que descansen en el ombligo y respire profundamente unas cuantas veces. Como alternativa, puede escoger descansar una de las manos en la mano de su pareja. Al hacer esto probablemente observará cómo la respiración de su pareja comienza a hacerse más profunda.

Paso 2. MOVIMIENTOS CIRCULARES SOBRE EL OMBLIGO

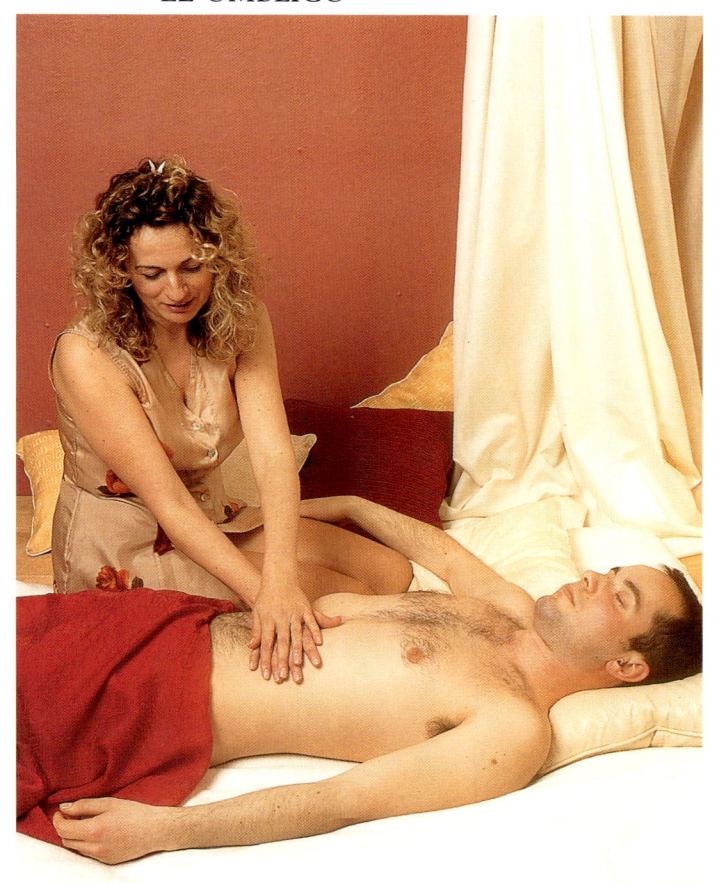

Ejerciendo una presión muy suave y delicada comience a rodear el ombligo en el sentido de las agujas del reloj. Incremente poco a poco el tamaño de los círculos de forma que llegue a abarcar todo el abdomen.

La secuencia del masaje sensual

Paso 3. CARICIAS CIRCULARES

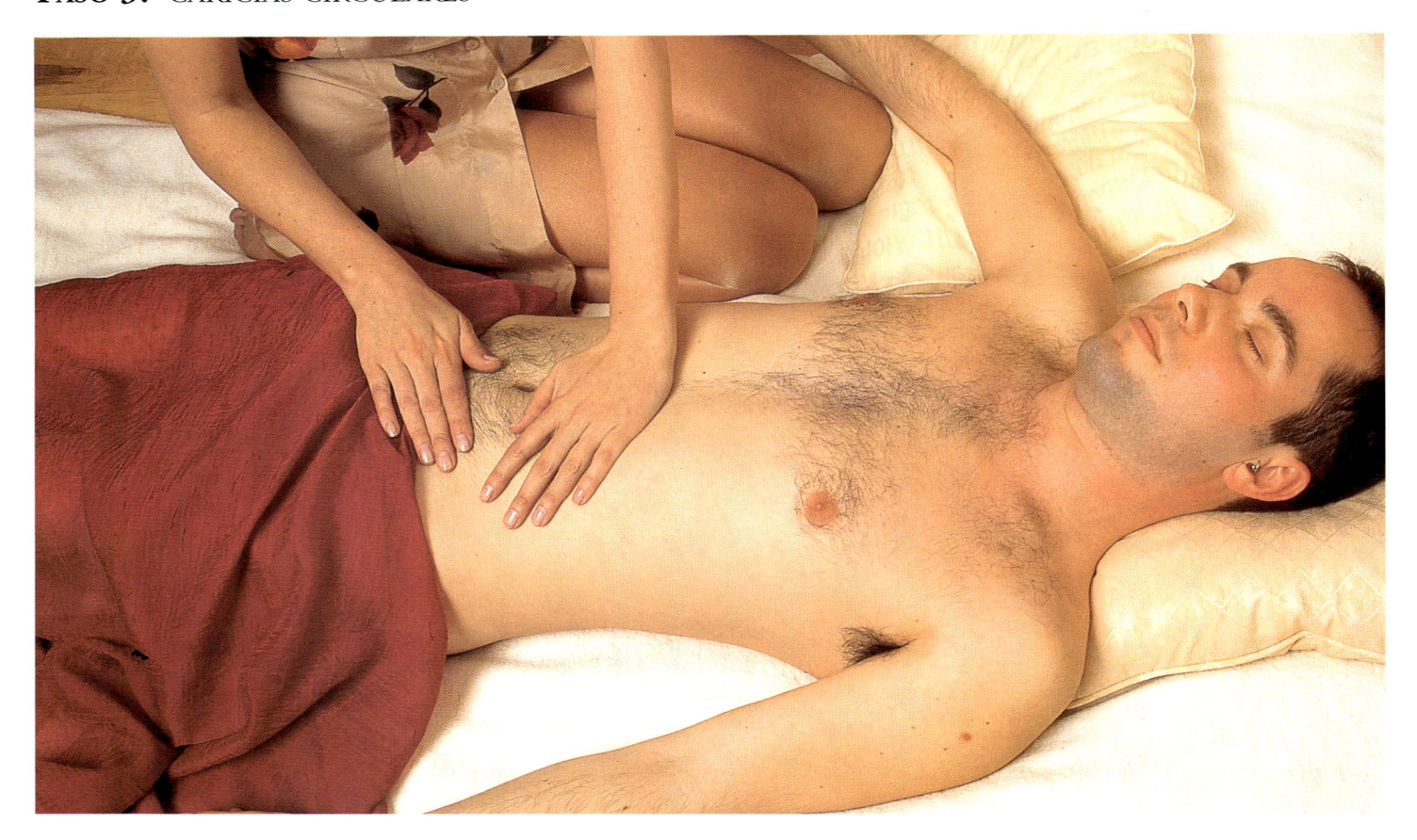

Sitúe las manos sueltas en el abdomen y realice movimientos circulares en el sentido de las agujas del reloj empleando ambas manos a la vez, una mano siguiendo a la otra. Debería parecer un círculo continuo si se hace correctamente.

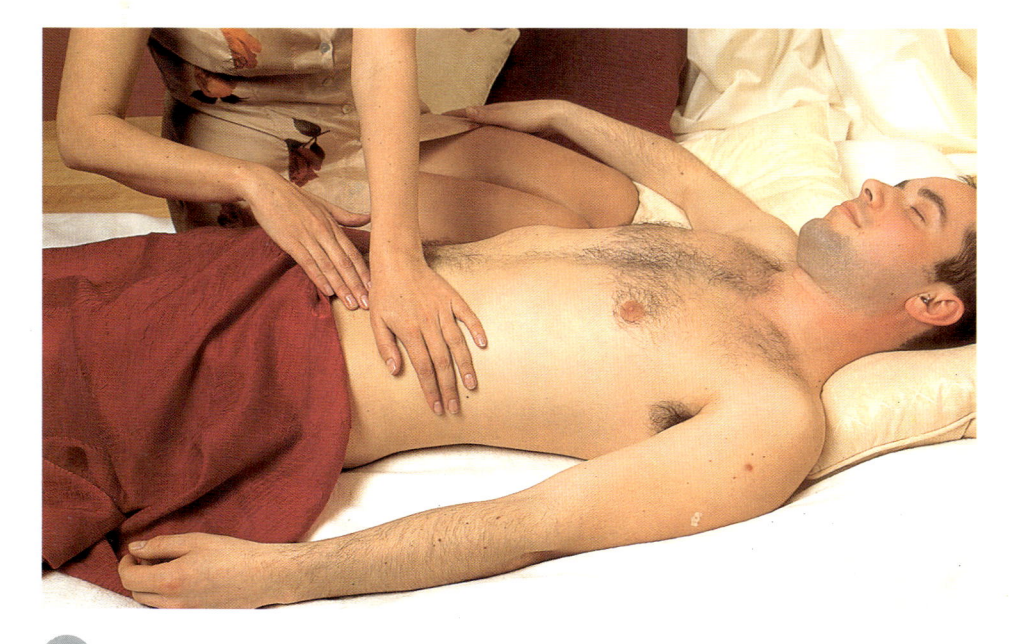

Paso 4. ARRASTRE

Sitúe ambas manos en el lado más alejado de su pareja con los dedos tocando la superficie a trabajar. Aprovechando el peso de su cuerpo, arrastre una mano desde el lateral de la cintura hasta el ombligo con un movimiento lento y suave. Cuando llegue la primera mano repita el movimiento con la otra. Cubra toda la parte del abdomen con estos movimientos de arrastre.

Para trabajar en la zona más próxima a usted puede desplazarse al otro lado de su pareja, si la posición le resulta demasiado incómoda.

LA SECUENCIA DEL MASAJE SENSUAL

Paso 5. AMASAR

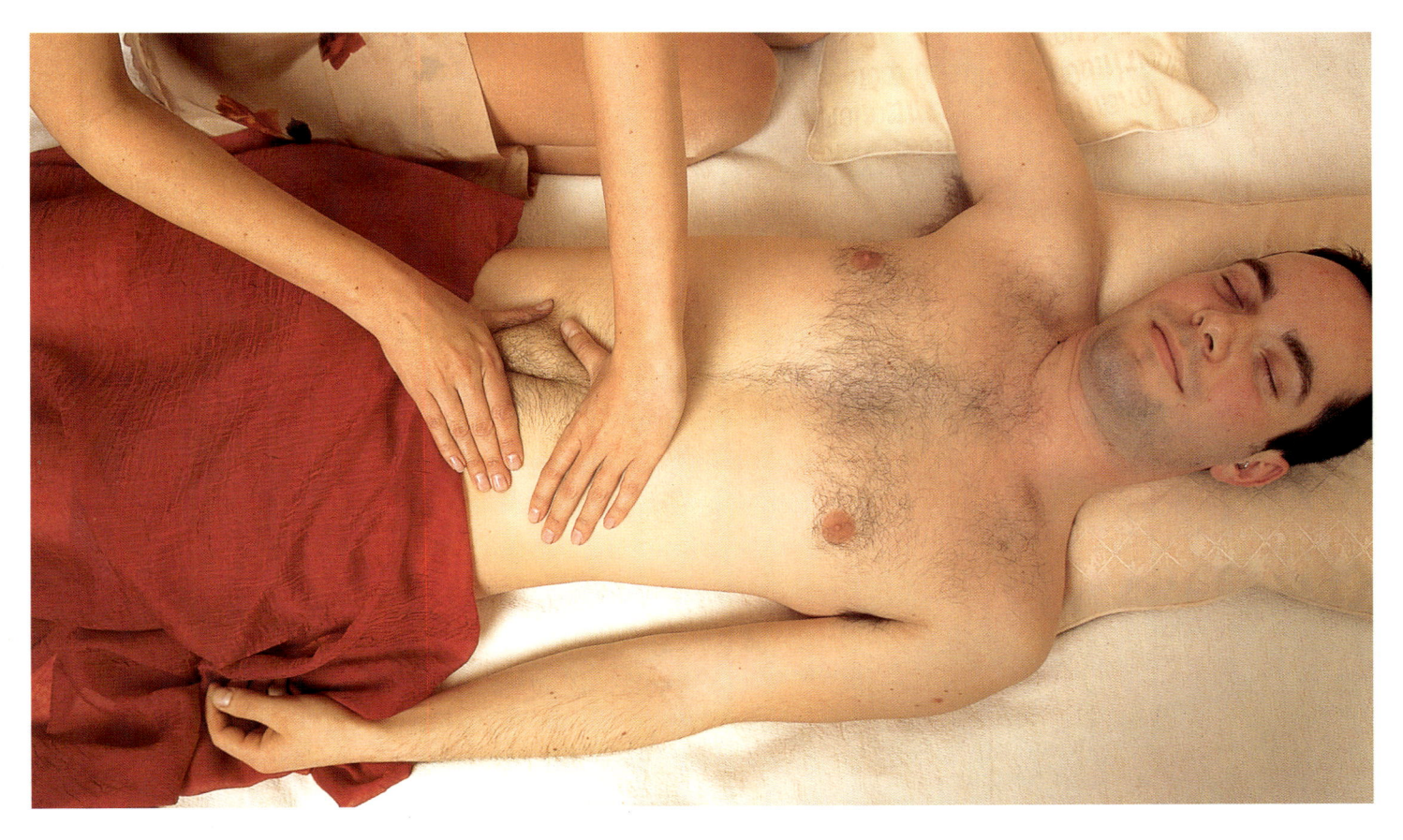

Agarre y suelte alternativamente la carne alrededor de la cintura y las caderas de la zona más alejada de su posición; normalmente existe mucha carne para agarrar. Posteriormente amase el lado más cercano a usted.

Paso 6. EL TOQUE FINAL. CARICIAS CIRCULARES CON LAS YEMAS DE LOS DEDOS

Con un roce muy delicado, acaricie el abdomen en el sentido de las agujas del reloj apenas tocando el cuerpo con las yemas. Lentamente vaya levantándolas del cuerpo.

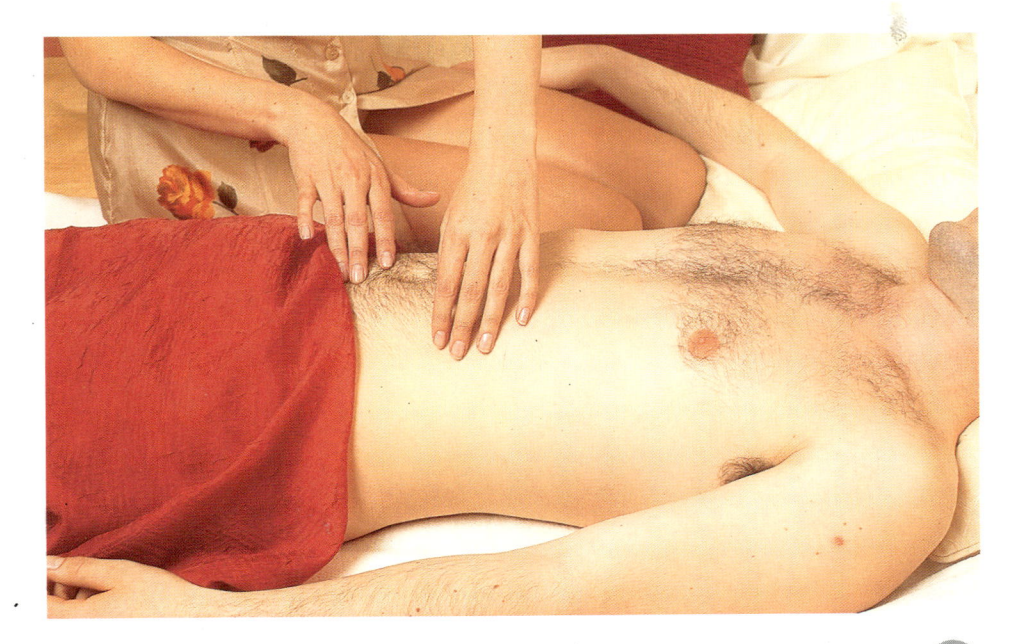

La secuencia del masaje sensual

El masaje sensual de los brazos y las manos

Nuestros brazos y manos están en constante actividad durante todo el día, por lo que son propensos a muchos problemas. A través de los brazos y las manos expresamos muchas emociones. Mostramos amor y compasión abrazando a otros. Los empleamos para confortar a nuestros amigos y hacernos entender claramente. Las emociones negativas, como la ira y la frustración, también pueden expresarse con ellos; por ejemplo, agitando los puños. El masaje en este área puede por tanto ayudar a liberar las emociones reprimidas. Nuestra salud general también está implicada cuando damos un masaje en las manos, ya que, según la reflexología, existe un minimapa del cuerpo reflejado en esta zona y el masaje tendrá repercusión en la salud de todo el cuerpo.

Paso 1. Entrando en contacto

Arrodíllese al lado de su pareja y deje que ambas manos descansen suavemente sobre su brazo. Respire profundamente unas cuantas veces y sienta cómo cede la tensión en el brazo y en la mano.

Paso 2. Caricias en el brazo

Rodee con sus manos la muñeca de su pareja y acaricie el brazo desde la muñeca hasta el hombro. Al alcanzar la parte superior del brazo abra las manos y deslícelas por los lados sin ejercer ninguna presión.

La secuencia del masaje sensual

Paso 3. Amasar la parte superior del brazo

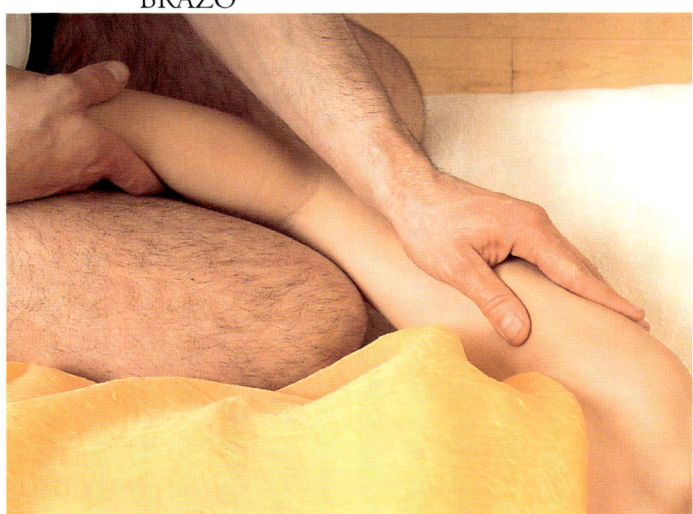

Con ambas manos, amase los músculos de la parte superior del brazo.

Paso 4. Amasar el antebrazo

Ponga en su muslo la mano de su pareja en postura relajada. Sujete la muñeca con una mano y amase suavemente el antebrazo con la otra mano desde la muñeca hasta el codo.

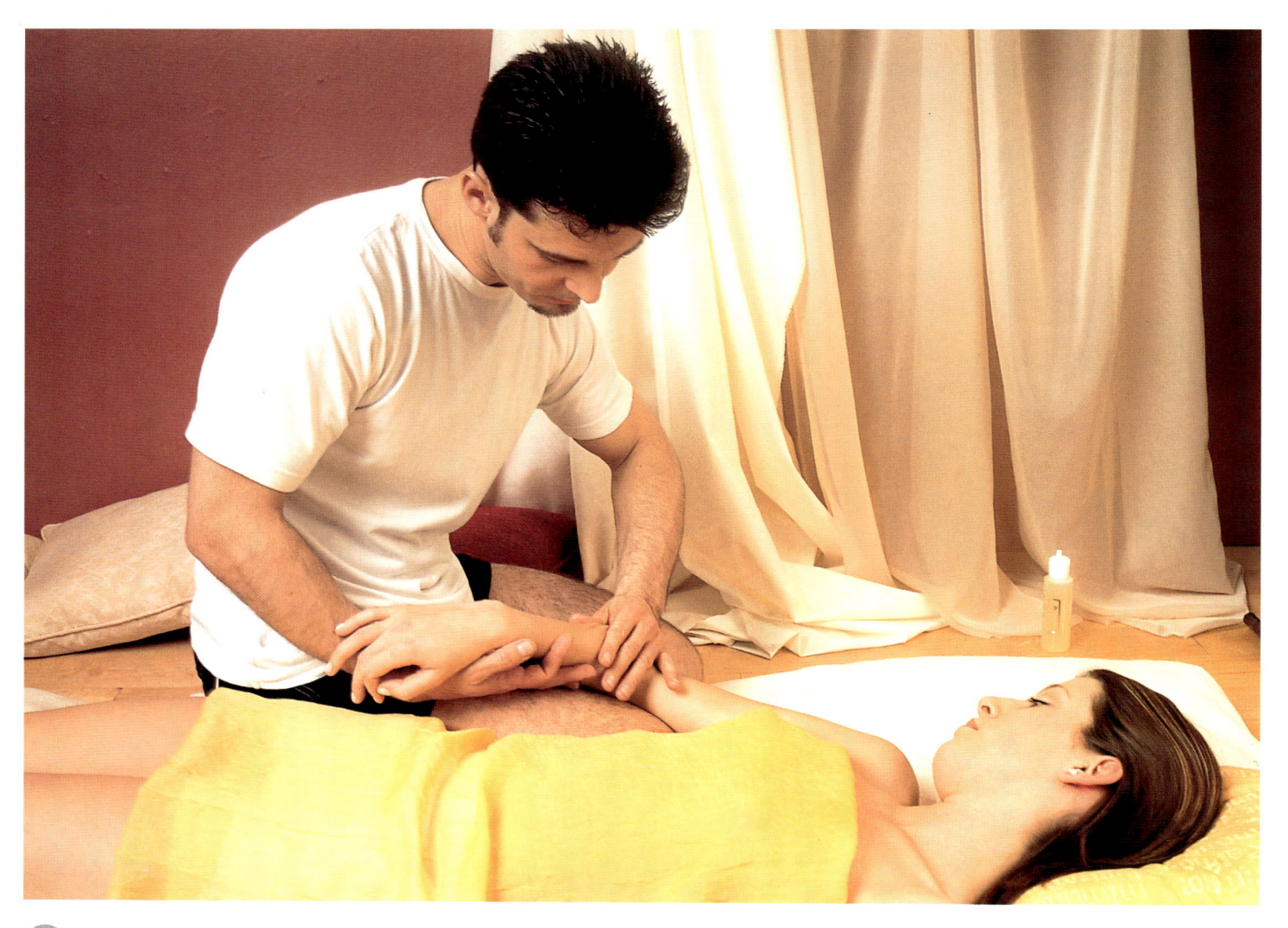

Paso 5. SOLTAR LA MUÑECA

Sujete la mano con los dedos y emplee los pulgares para dar un suave masaje en pequeños círculos alrededor de la zona interna de la muñeca.

Posteriormente, vuelva la mano y trabaje de la misma forma en el otro lado.

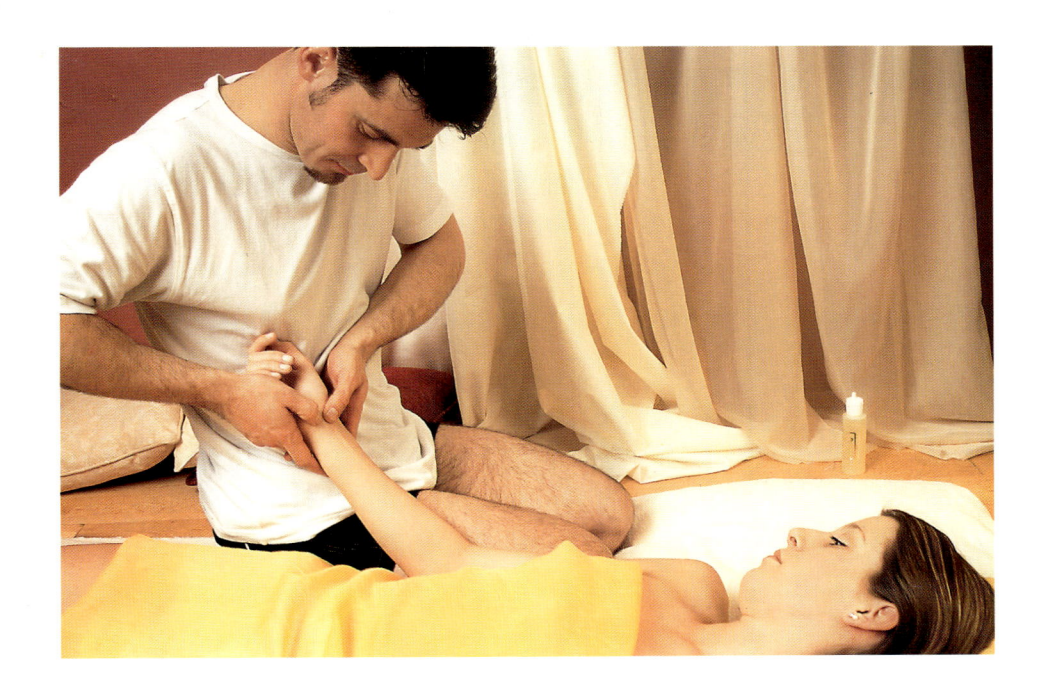

Paso 6. MOVER LA MUÑECA

Entrelace los dedos con los de su pareja y haga rotar la muñeca de forma lenta y suave en el sentido de las agujas del reloj y al revés.

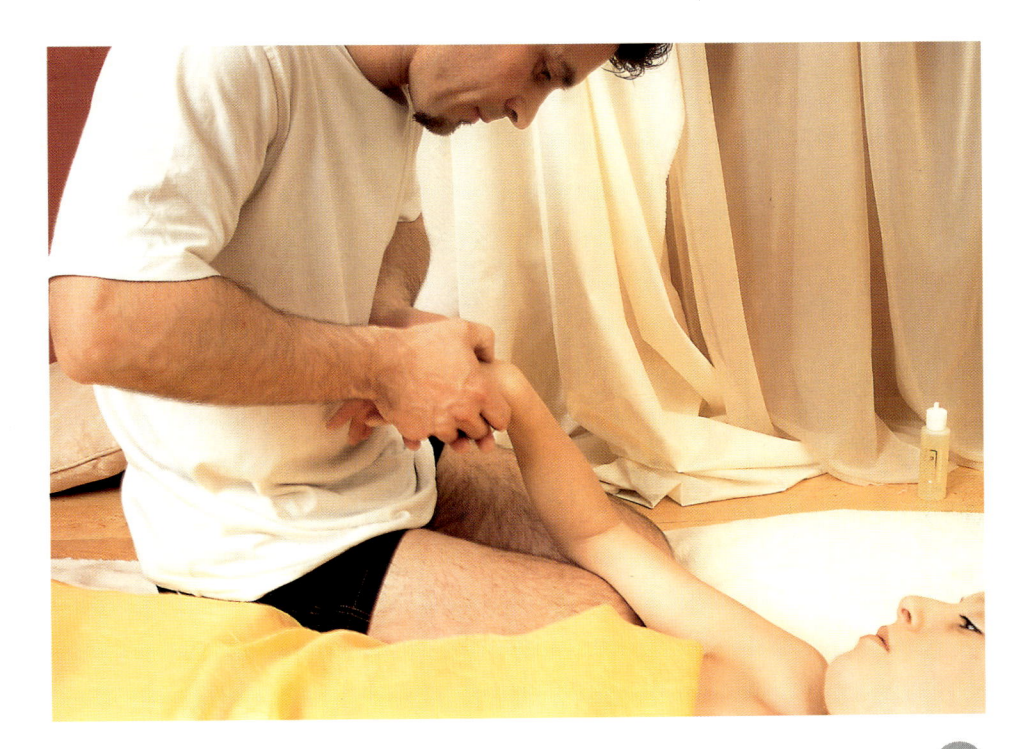

La secuencia del masaje sensual

Paso 7. CARICIAS EN LAS MANOS

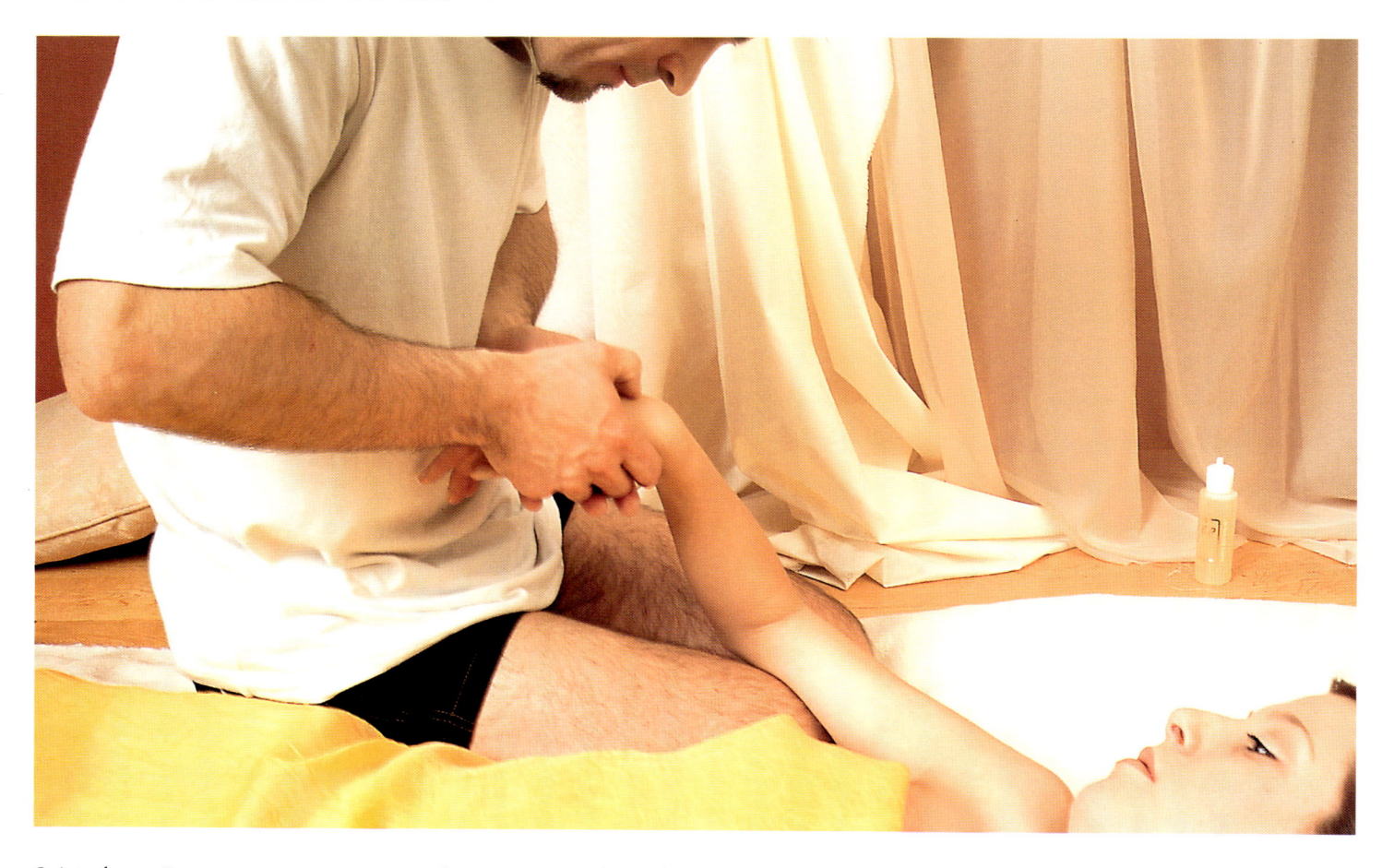

Sujete la muñeca con una mano y con la otra acaricie hasta la parte superior de la mano. Estas caricias deben realizarse a ambos lados de la mano.

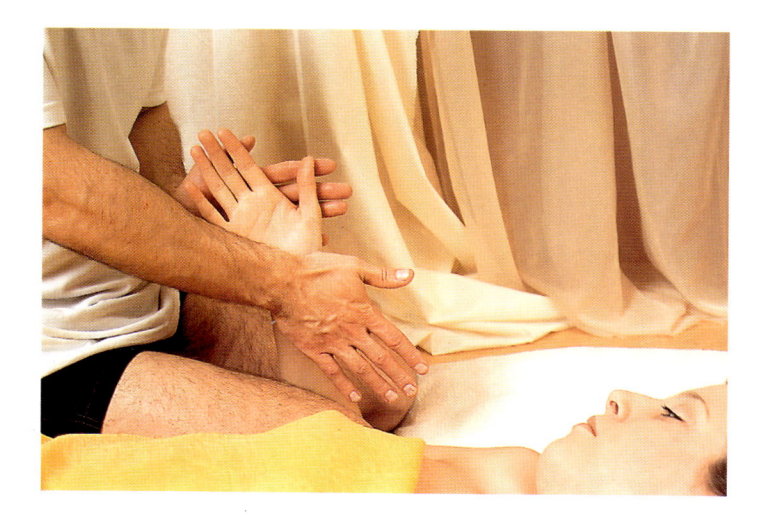

Para lograr un movimiento más profundo en la palma puede emplear el borde de la palma de la mano.

LA SECUENCIA DEL MASAJE SENSUAL

PASO 8. ABRIR LAS MANOS

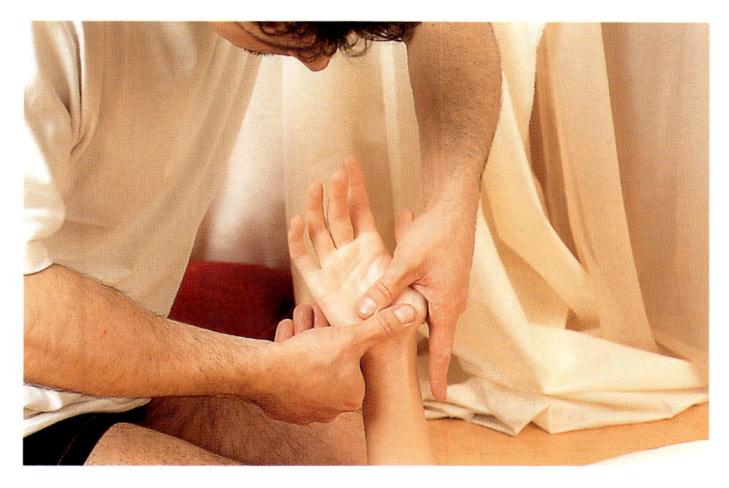

Tome la palma de la mano de su pareja entre las suyas, con los pulgares sueltos en el centro de la palma y el resto de los dedos debajo.

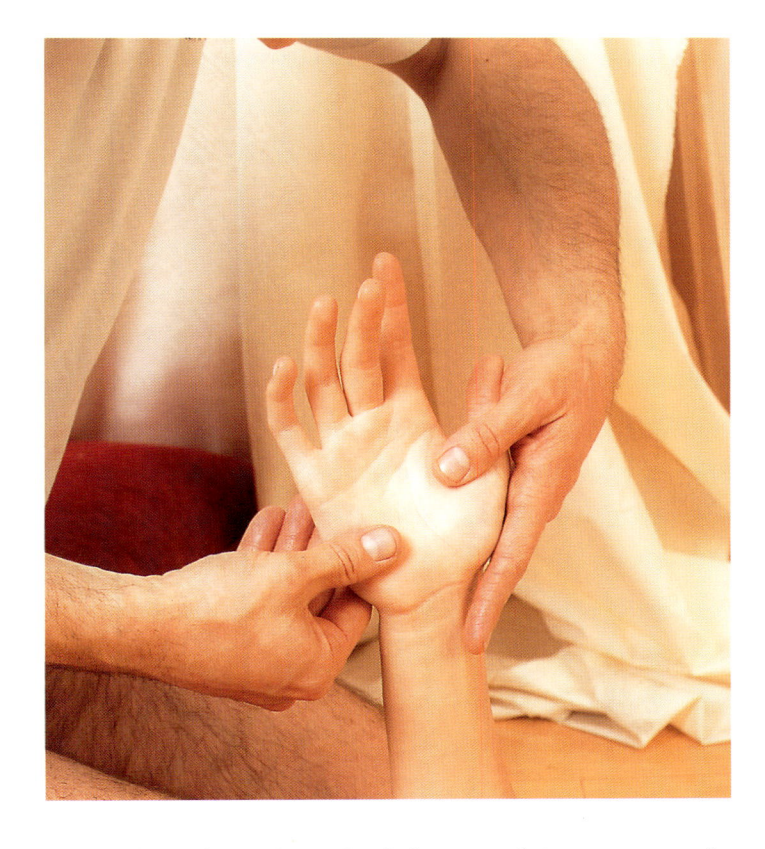

PASO 9. ESTIRAR Y APRETAR LOS DEDOS DE LA MANO

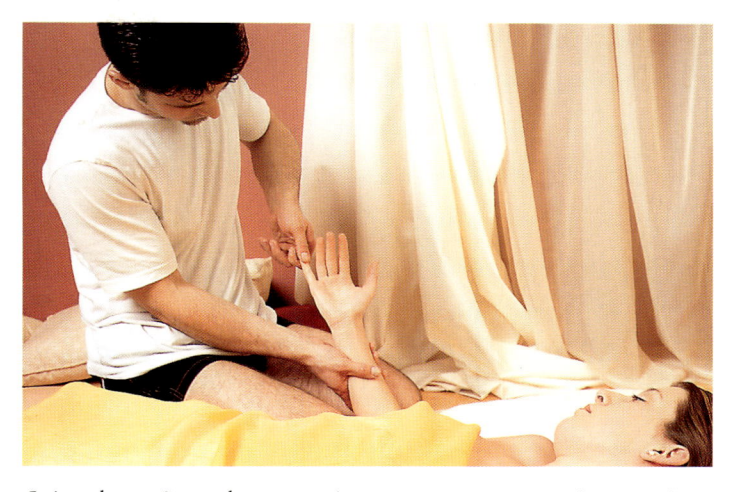

Sujete la muñeca de su pareja con una mano y estire y apriete cada uno de los dedos de forma lenta y suave.

PASO 10. CÍRCULOS

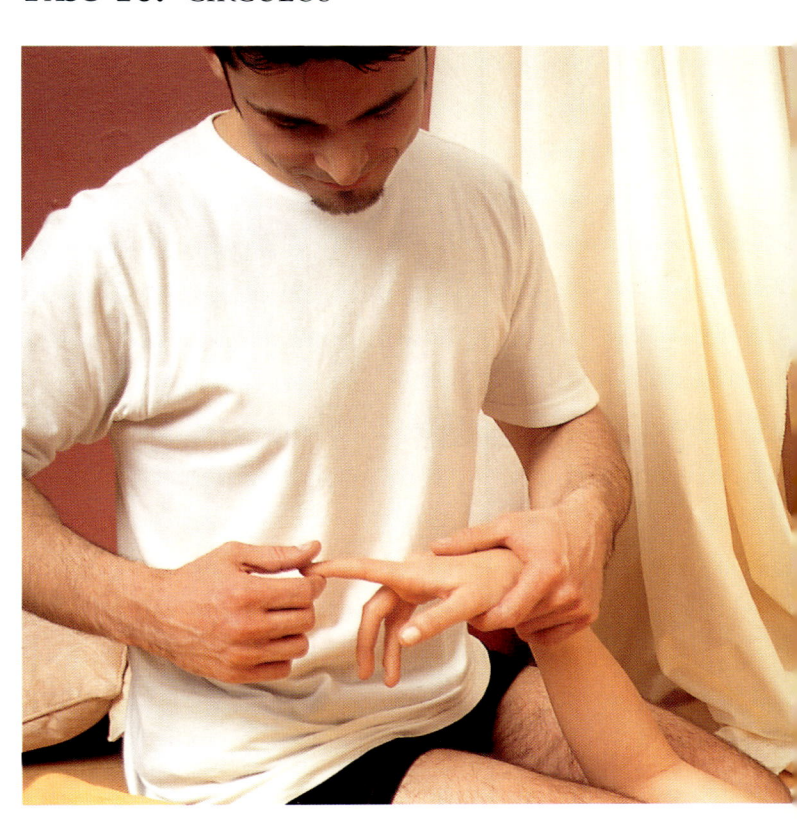

Deslice los pulgares hacia los lados para abrir suavemente la palma de la mano.

Haga rotar cada dedo de forma individual en el sentido de las agujas del reloj y al revés.

LA SECUENCIA DEL MASAJE SENSUAL

PASO 11. CARICIAS CON LAS YEMAS DE LOS DEDOS EN LA MANO

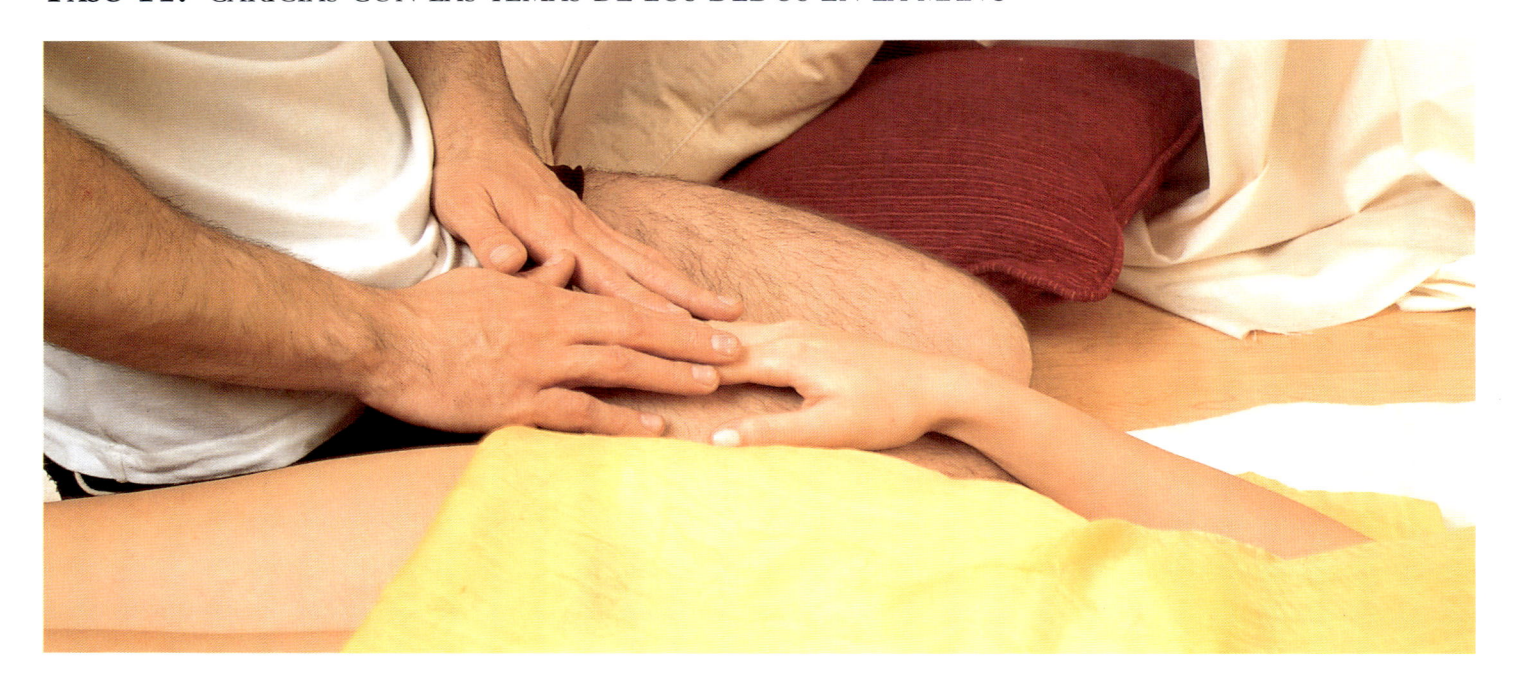

Con las yemas de los dedos acaricie la mano suavemente desde la muñeca hasta la punta de los dedos.

PASO 12. EL TOQUE FINAL. CARICIAS EN EL BRAZO

Acaricie todo el brazo y la mano empleando las dos manos a la vez con movimientos muy ligeros. En las caricias finales, rodee la mano de su pareja con las suyas y apriétela delicadamente.

Repita todos los pasos en el otro brazo y en la otra mano.

LA SECUENCIA DEL MASAJE SENSUAL

EL MASAJE SENSUAL EN EL PECHO Y EN EL CUELLO

El área del pecho suele estar muy agarrotado y congestionado debido a malas posturas o a una respiración incorrecta (la mayoría de las personas respiran desde el pecho en vez de desde el abdomen). Los problemas emocionales se acumulan a menudo en esta zona, de ahí la expresión "dentro del pecho". Al dar un masaje en esta zona se liberan las emociones reprimidas y se consigue que el pecho se abra y se relaje.

La tirantez en el cuello es un problema muy común que puede provocar, entre otros, dolores de cabeza; éstos pueden ser aliviados con un masaje.

PASO 1. ENTRANDO EN CONTACTO

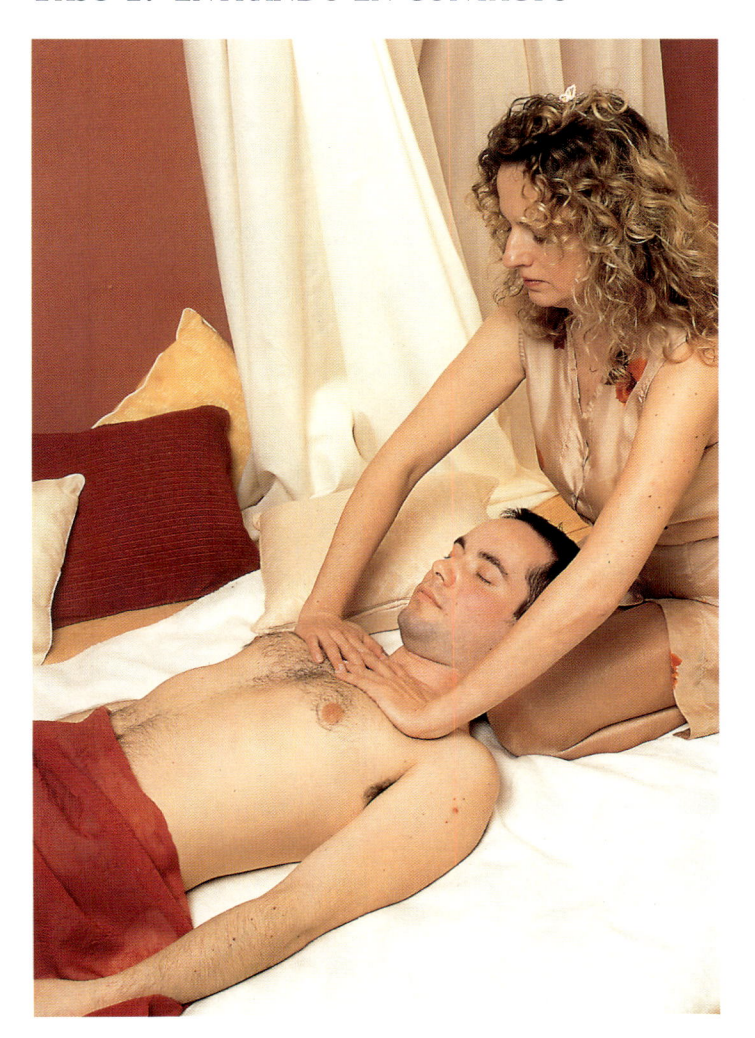

Arrodíllese detrás de la cabeza de su pareja. Deje que sus manos descansen suavemente en los hombros de su pareja y respire profundamente unas cuantas veces.

PASO 2. ABRIR EL PECHO

Sitúe las manos con las palmas hacia abajo en el centro del pecho, con la punta de los dedos apuntándose entre sí. Acaricie desde el centro del pecho hacia fuera y hacia los hombros. Deslice las manos hacia el punto de inicio sin ejercer ninguna presión.

91

LA SECUENCIA DEL MASAJE SENSUAL

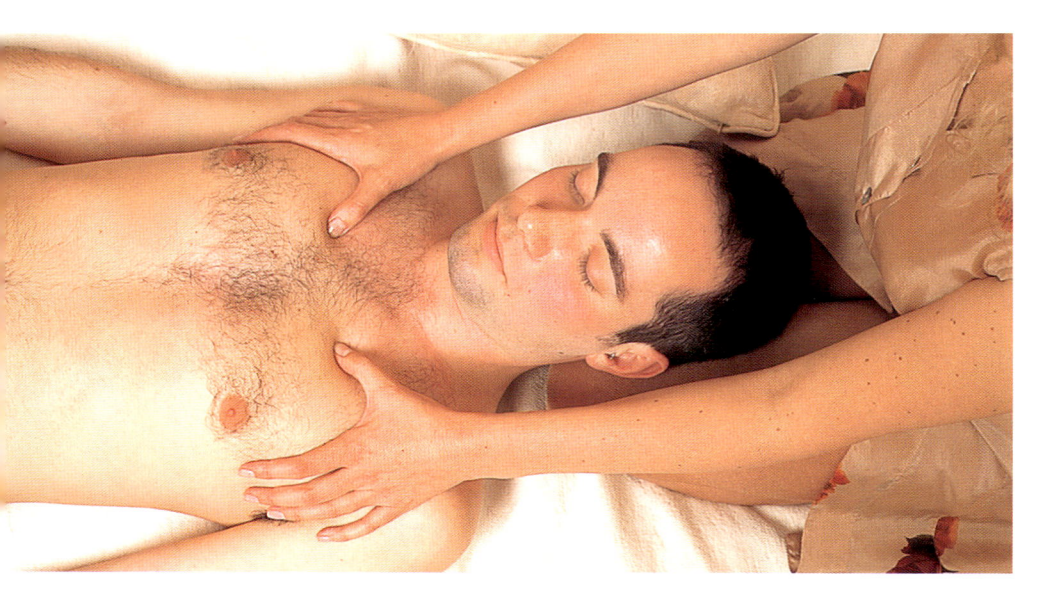

Paso 3. PRESIONES CIRCULARES

Sitúe ambos pulgares en el centro del pecho justo bajo las clavículas y realice pequeños movimientos circulares con los pulgares. Trabaje a lo largo de la línea de la clavícula hacia los hombros.

Paso 4. NUDILLOS

Cierre las manos en puño y ponga las manos boca abajo en el cuerpo de su pareja. Trabaje todo el pecho realizando suaves movimientos circulares con los nudillos.

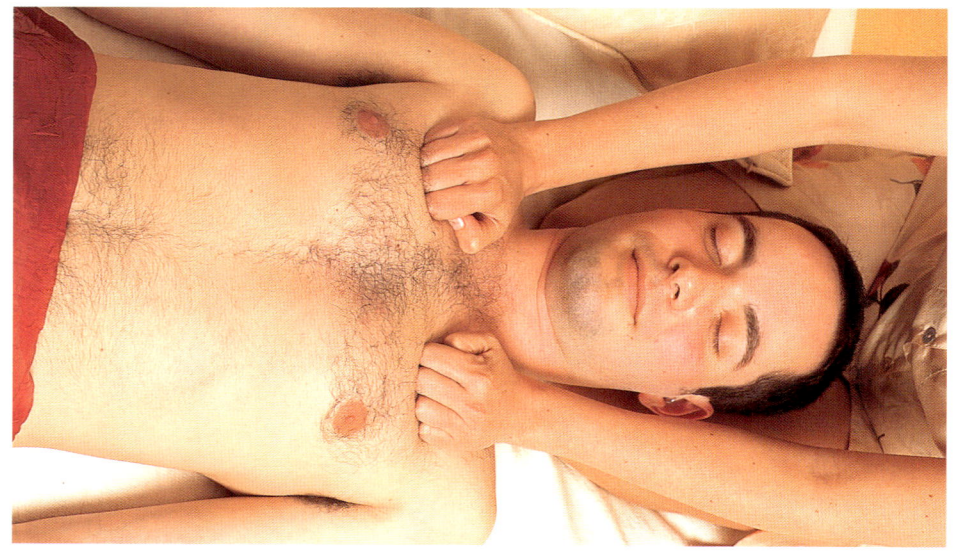

Paso 5. RELAJAR LA TENSIÓN DEL CUELLO

Con las manos ahuecadas rodee la parte posterior del cuello. Despacio y con delicadeza, estire los músculos del cuello empleando las dos manos a la vez.

LA SECUENCIA DEL MASAJE SENSUAL

PASO 6. CARICIAS A LOS LADOS DEL CUELLO

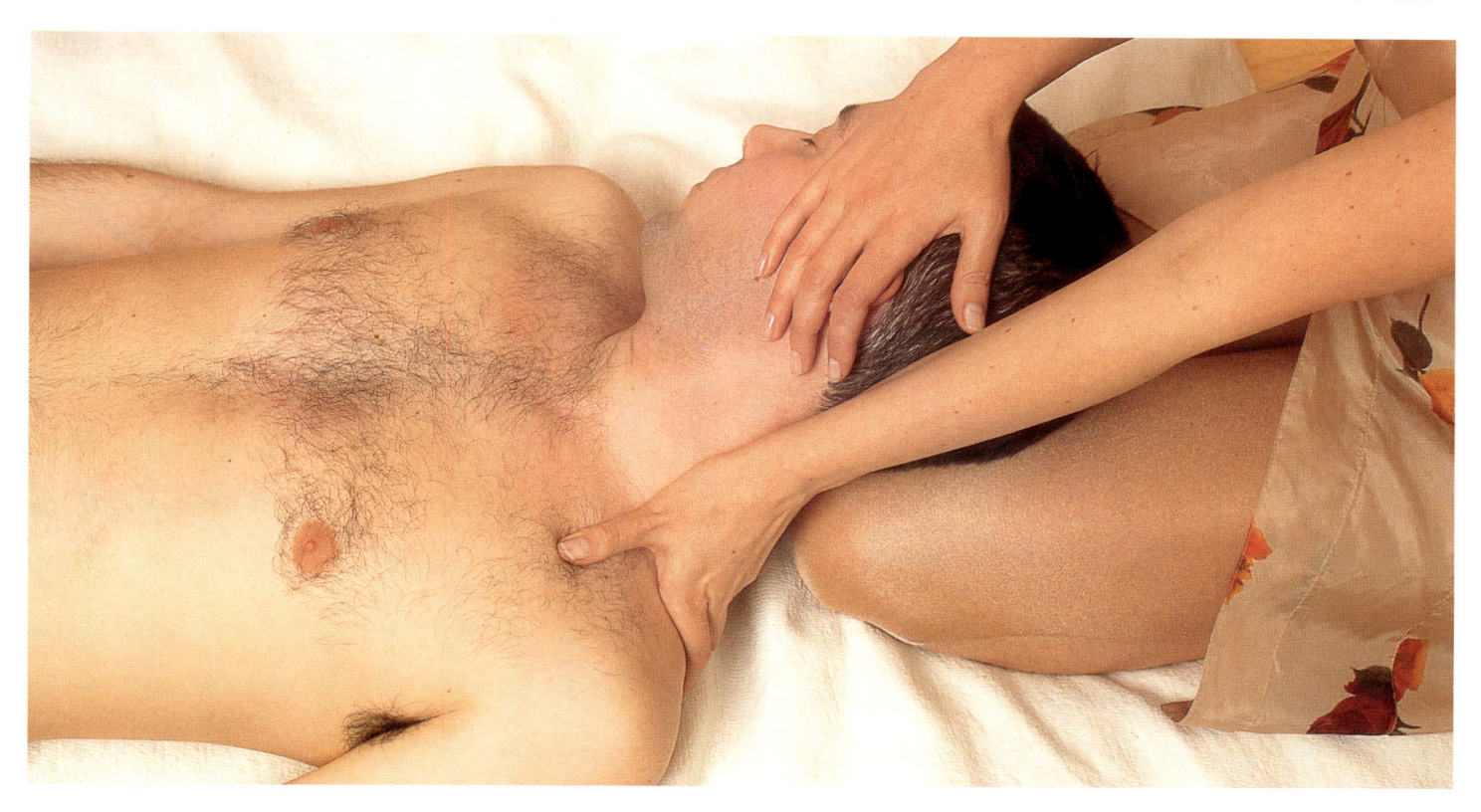

Vuelva la cabeza a un lado y sitúe ambas manos en la base del cráneo. Acaricie el cuello con una mano hasta alcanzar el hombro, continúe el movimiento con la otra

PASO 7. EL TOQUE FINAL. CARICIAS EN EL PECHO Y EL CUELLO CON EL DORSO DE LA MANO

Sitúe el dorso de las manos con suavidad en el centro del pecho. Sin apenas rozar a su pareja, acaricie el pecho con la punta de los dedos. Posteriormente continúe acariciando el cuello.

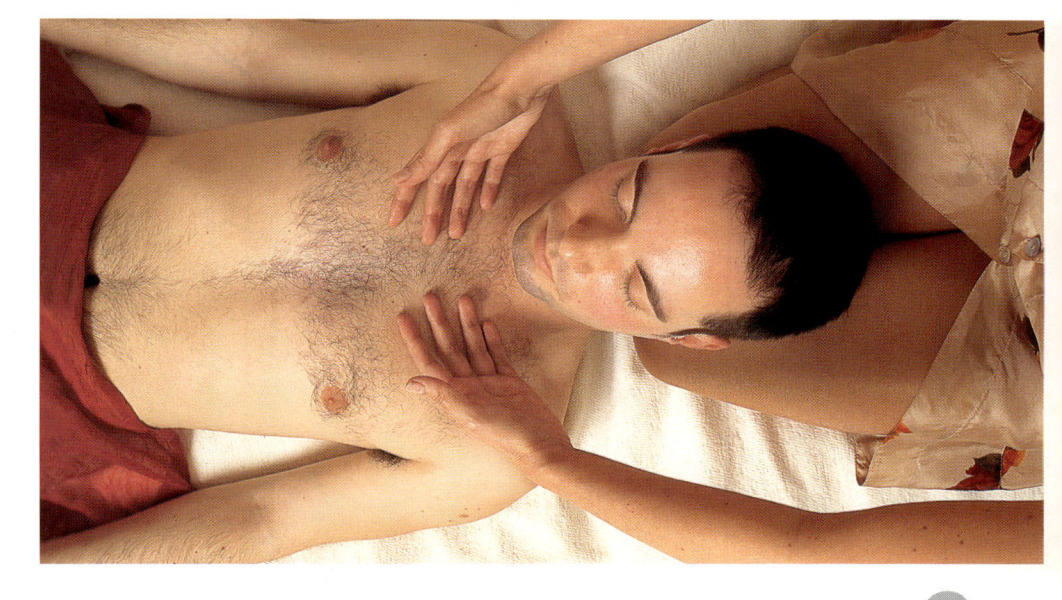

LA SECUENCIA DEL MASAJE SENSUAL

EL MASAJE SENSUAL EN EL ROSTRO

El masaje del rostro supone una experiencia muy íntima y sensual. También resulta muy rejuvenecedor y puede hacer que usted y su pareja parezcan años más jóvenes al reducir las líneas causadas por el estrés y la tensión y al lograr que sus complexiones adopten un brillo saludable.

PASO 1. ENTRANDO EN CONTACTO

Baje las manos delicadamente a la frente de su pareja y déjelas descansar ahí mientras respira profundamente unas cuantas veces. Sienta cómo se alejan las preocupaciones y la

PASO 2. CARICIAS EN LA FRENTE

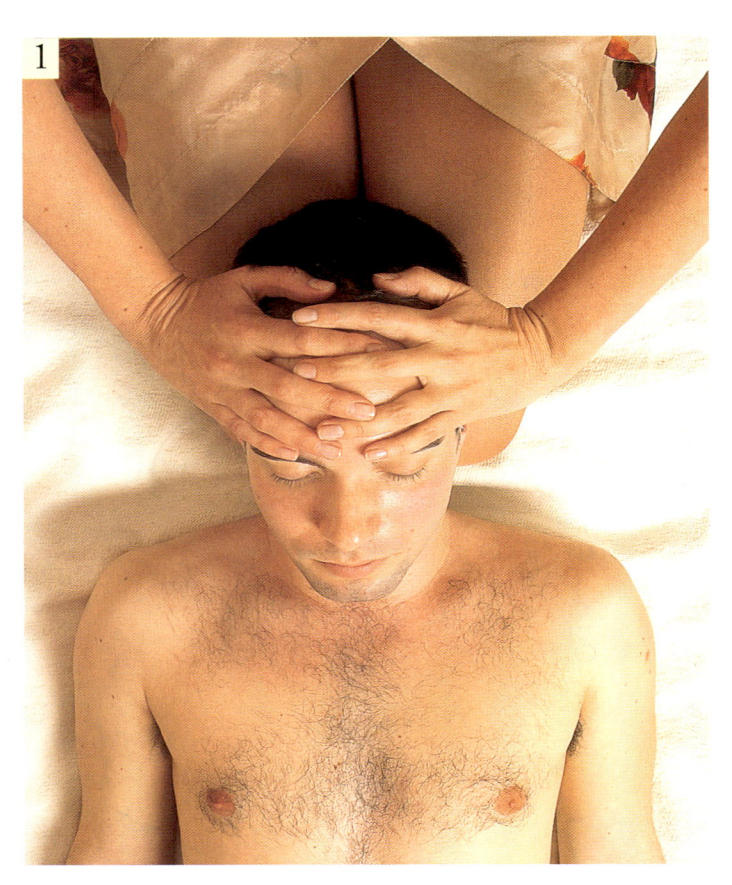

Acaricie la frente hacia las sienes y deslice las manos de vuelta con un roce muy ligero (1, 2). Este movimiento resulta excelente para aliviar la tensión y los dolores de cabeza.

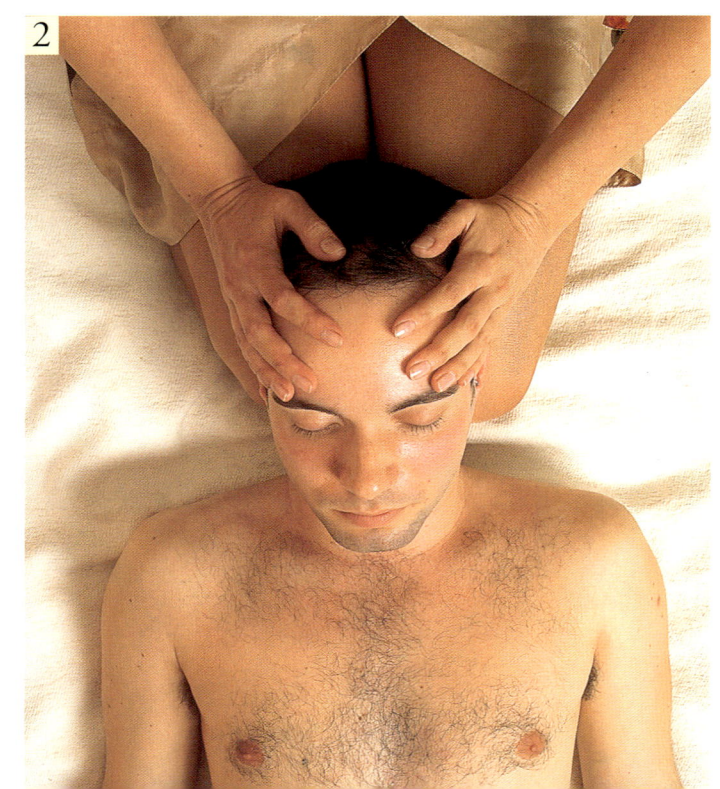

La secuencia del masaje sensual

LA SECUENCIA DEL MASAJE SENSUAL

PASO 3. CARICIAS EN LAS MEJILLAS

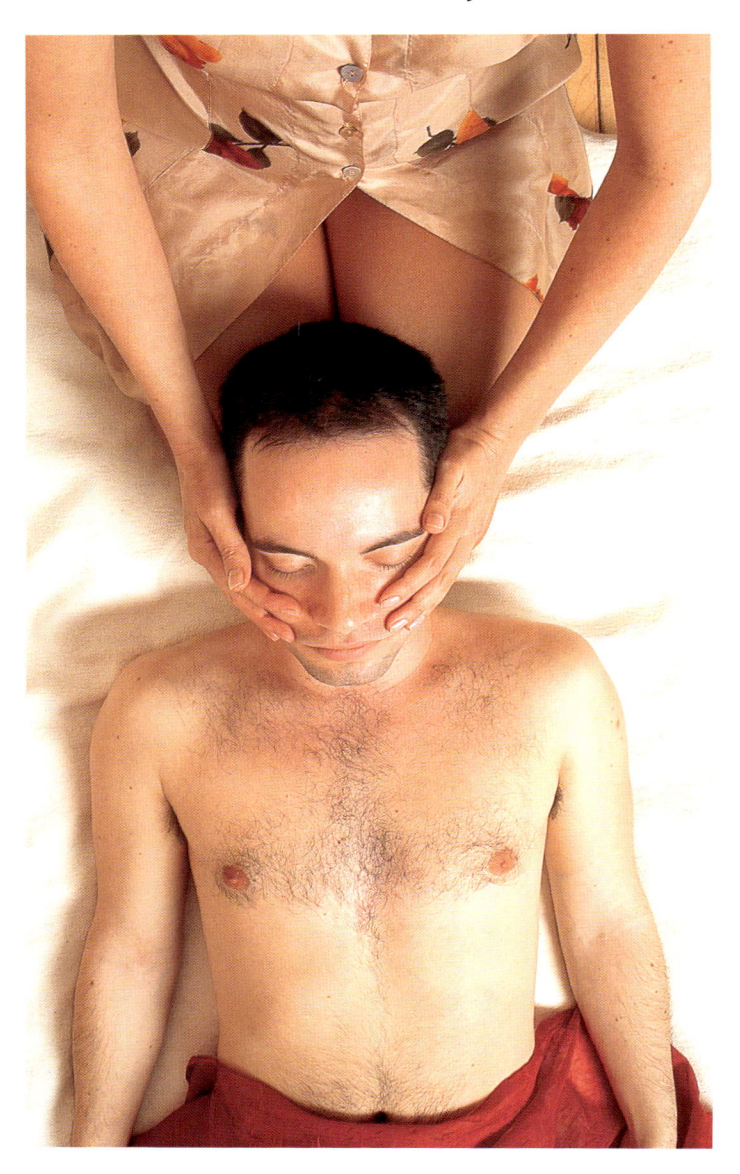

Empleando la punta de los dedos y las palmas de las manos, acaricie desde las mejillas hacia fuera y hacia dentro.

PASO 4. CARICIAS EN LA BARBILLA

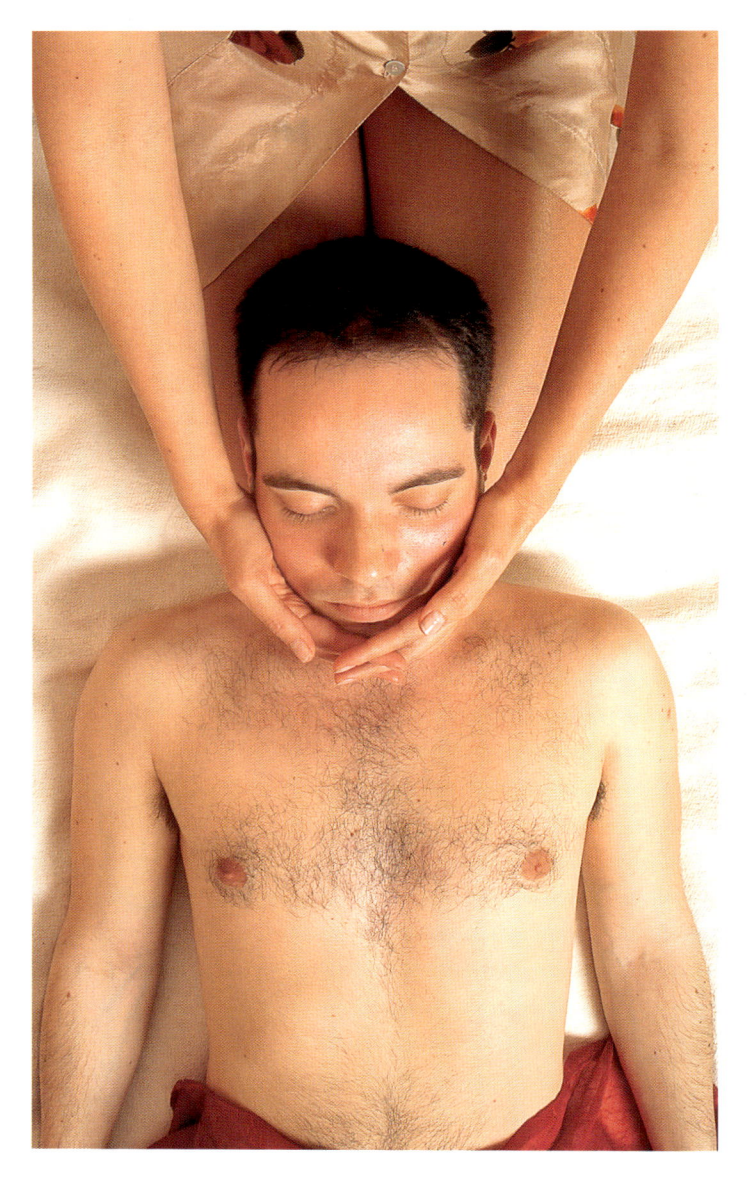

Acaricie hacia fuera desde la barbilla y continúe acariciando el cuello hacia los hombros.

LA SECUENCIA DEL MASAJE SENSUAL

PASO 5. CÍRCULOS CON PRESIÓN EN EL ROSTRO

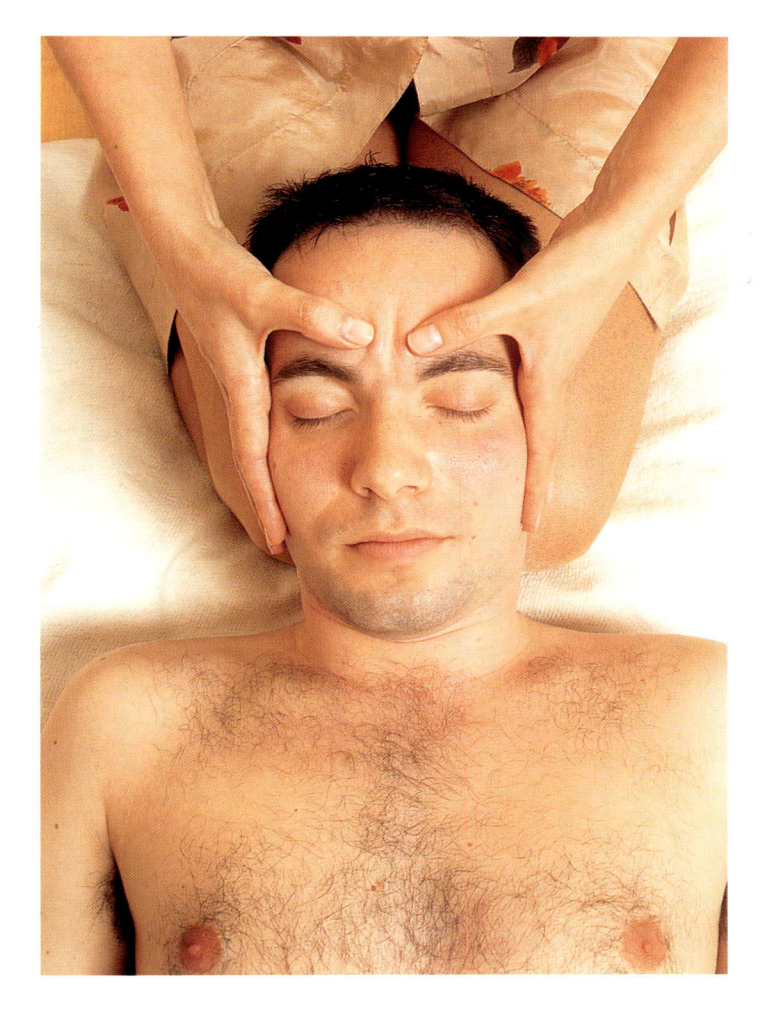

Sitúe ambos pulgares en el centro de la frente justo bajo la línea del pelo. Con suaves presiones circulares, trabaje hacia fuera. Tras la primera línea, vuelva a poner sus pulgares en el centro de la frente, pero muévalos ligeramente hacia abajo. Repita estas líneas hasta llegar a las cejas.

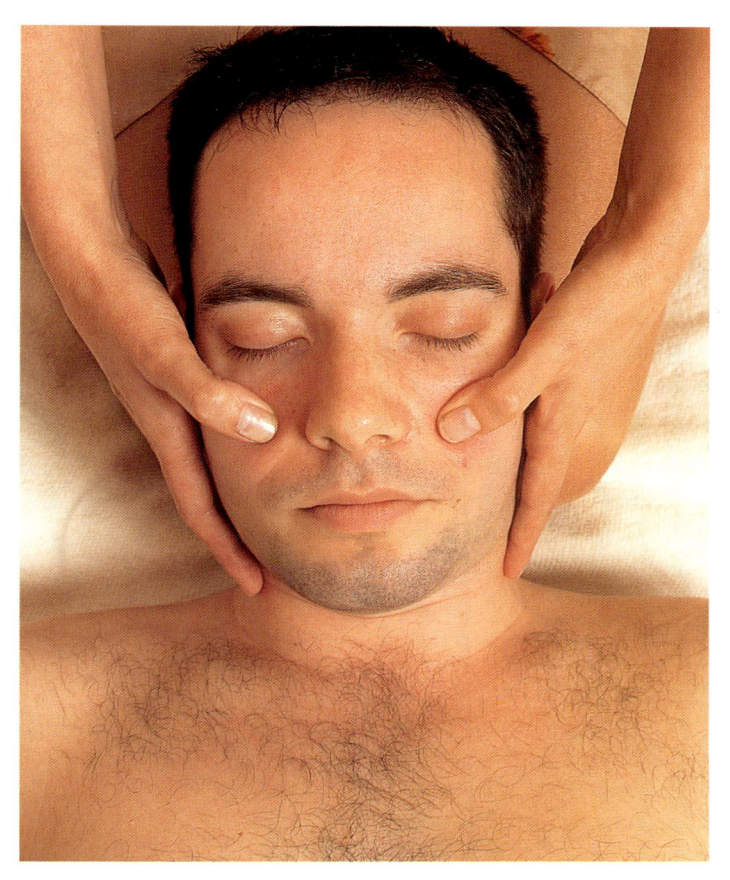

Baje las manos hasta que los pulgares descansen bajo los ojos. Repita los movimientos en círculo ejerciendo una presión suave en líneas horizontales hasta que haya cubierto el área de las mejillas por completo.

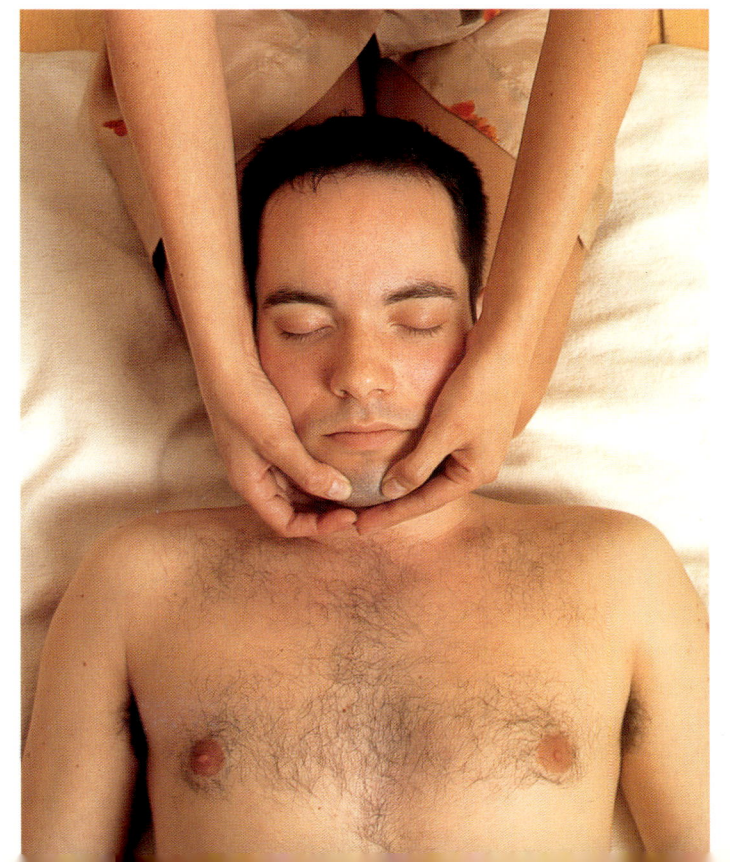

Ahora coloque ambos pulgares en el centro de la barbilla y repita esta técnica hasta cubrir toda la zona de la barbilla y la mandíbula.

La secuencia del masaje sensual

Paso 6. Masaje en las orejas

Las orejas son una zona muy sensual y el masaje en esta zona resulta una experiencia extremadamente agradable. Emplee los pulgares y los índices para realizar pequeños círculos ejerciendo una leve presión por toda la oreja. Posteriormente estire y suelte la oreja con suavidad.

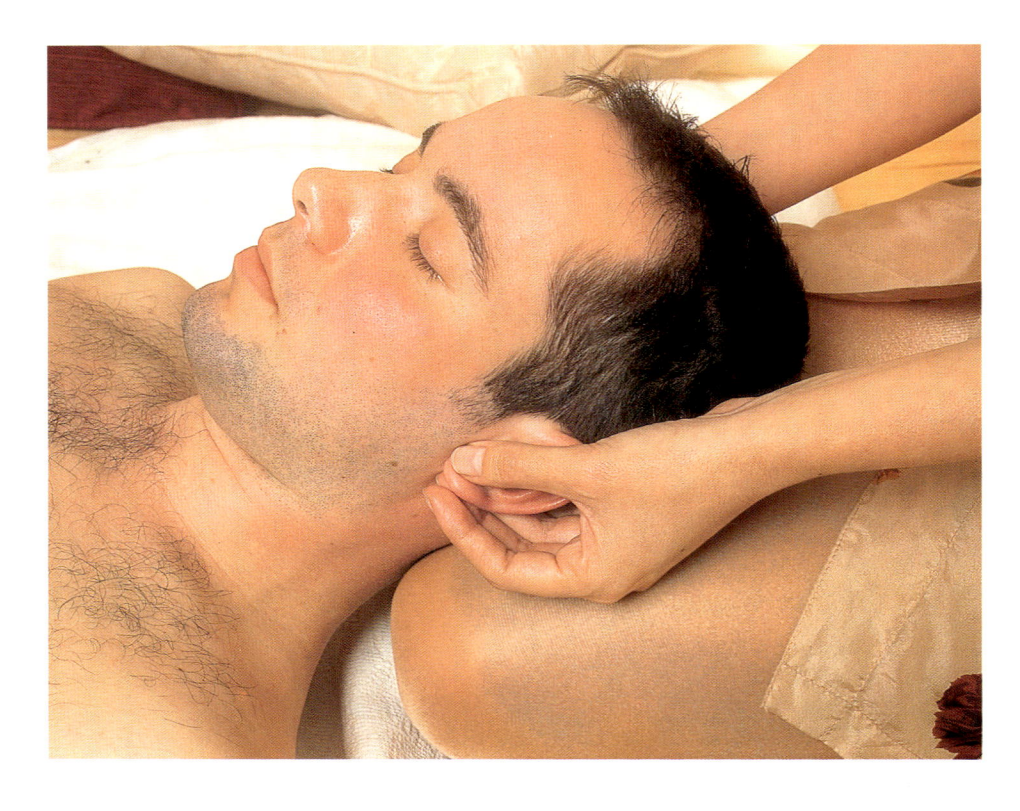

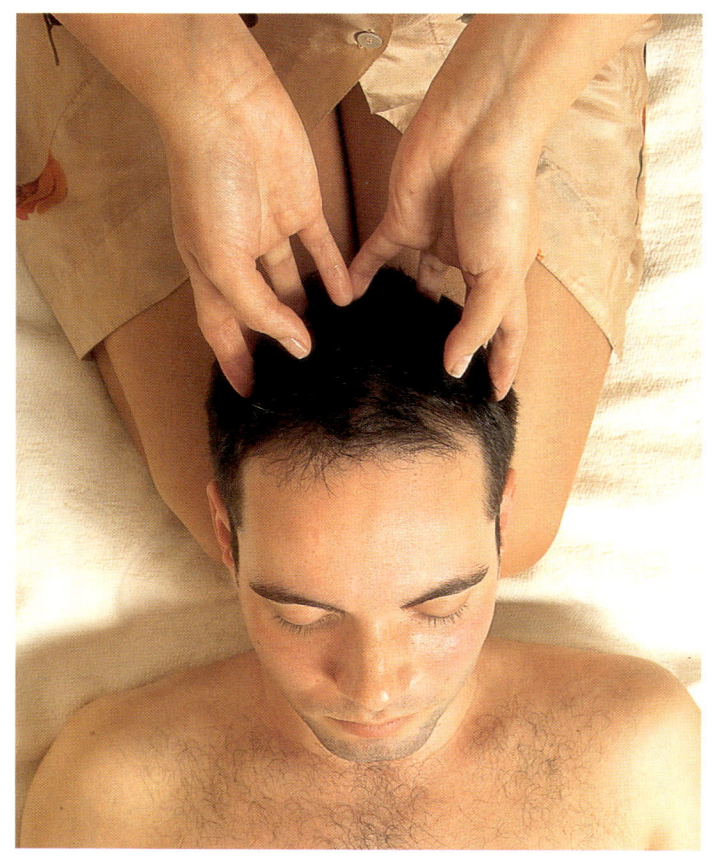

Acaricie el pelo y pase las puntas de los dedos con delicadeza por todo el cuero cabelludo para liberar cualquier tensión reprimida en la zona de la cabeza.

referencia rápida de los tratamientos

LA ESPALDA

1. Entrando en contacto.
2. Extender el aceite/caricias largas.
3. Caricias largas con manos alternadas.
4. Caricias circulares.
5. Estirando la espalda (con las manos).
6. Estirando la espalda (antebrazos).
7. Arrastre en ambos lados de la espalda.
8. Amasar ambos lados de la espalda.
9. Presiones circulares con los pulgares en los músculos espinales.
10. Empujar hacia abajo los lados de la espalda.
11. Caricias circulares en las nalgas.
12. Amasar las nalgas.
13. Presiones en los puntos que despiertan el deseo sexual.
14. Masaje con los nudillos en las nalgas.
15. Pellizcar las nalgas.
16. Movimientos circulares en los omoplatos.
17. Movimientos circulares sobre el hombro.
18. Presiones con los pulgares alrededor de los omoplatos.

Repetir los pasos 17 y 18 en el otro hombro.

19. Amasar los hombros.
20. Amasar el cuello.
21. Caricias largas en toda la espalda.
22. Caricias diagonales.
23. La caricia del gato.
24. Caricias con el dorso de las manos.
25. El toque final. Caricias con la yema de los dedos.

LA PARTE POSTERIOR DE LA PIERNA

1. Entrando en contacto.
2. Caricias largas en las piernas (ambas).
3. Amasar la pierna.
4. Caricias en la parte posterior de la pierna alternando el borde de las manos.
5. Con los nudillos en el muslo.
6. Pellizcando el muslo.
7. El toque final. Caricias alternando las yemas de los dedos.

Repita los pasos del 3 al 7 en la otra pierna.

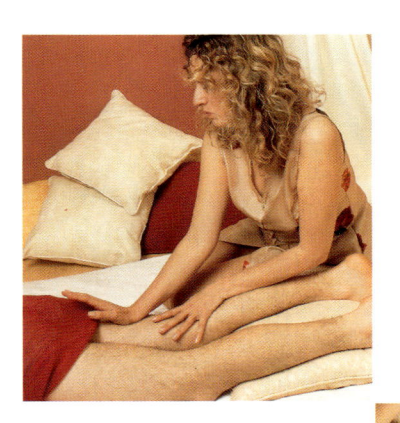

Referencia rápida de los tratamientos

La parte delantera del cuerpo

Pies y parte delantera de las piernas

1. Entrar en contacto con caricias en los pies.
2. Amasar el pie.
3. Estirar el pie.
4. Empujar el pie.
5. Soltar los dedos.
6. Liberar el tobillo.
7. Caricias largas en la parte delantera de la pierna.
8. Amasar el muslo.
9. Presiones circulares con los pulgares sobre el muslo.
10. El toque final. Caricias con las yemas de los dedos.

Repetir todos los pasos en el otro pie y la parte delantera de la otra pierna.

Los brazos y las manos

1. Entrando en contacto.
2. Caricias en el brazo.
3. Amasar la parte superior del brazo.
4. Amasar el antebrazo.
5. Soltar la muñeca.
6. Mover la muñeca.
7. Caricias en las manos.
8. Abrir las manos.
9. Estirar y apretar los dedos de la mano.
10. Círculos.
11. Caricias con las yemas de los dedos en la mano.
12. El toque final. Caricias en el brazo.

Repita todos los pasos en el otro brazo y en la otra mano.

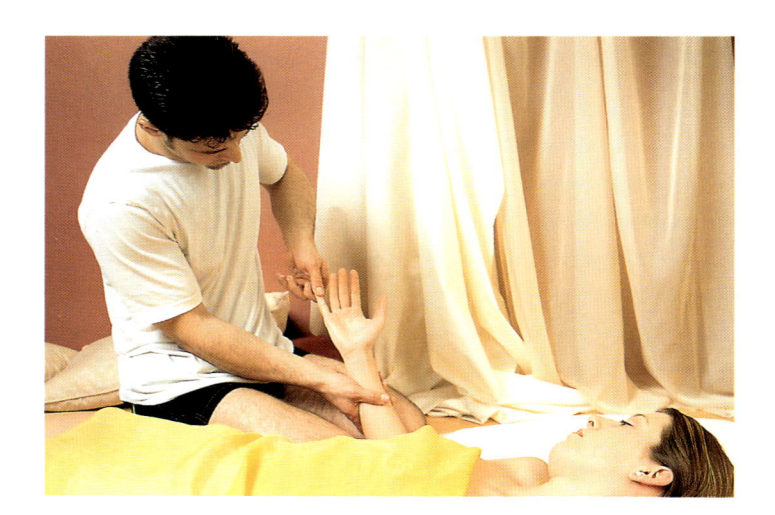

REFERENCIA RÁPIDA DE LOS TRATAMIENTOS

EL PECHO Y EL CUELLO

1. Entrando en contacto.
2. Abrir el pecho.
3. Presiones circulares.
4. Nudillos.
5. Relajar la tensión del cuello.
6. Caricias a los lados del cuello.
7. El toque final. Caricias en el pecho y el cuello con el dorso de la mano.

EL ROSTRO

1. Entrando en contacto.
2. Caricias en la frente.
3. Caricias en las mejillas.
4. Caricias en la barbilla.
5. Círculos con presión en el rostro.
6. Masaje en las orejas.
7. El toque final. Caricias en el pelo.

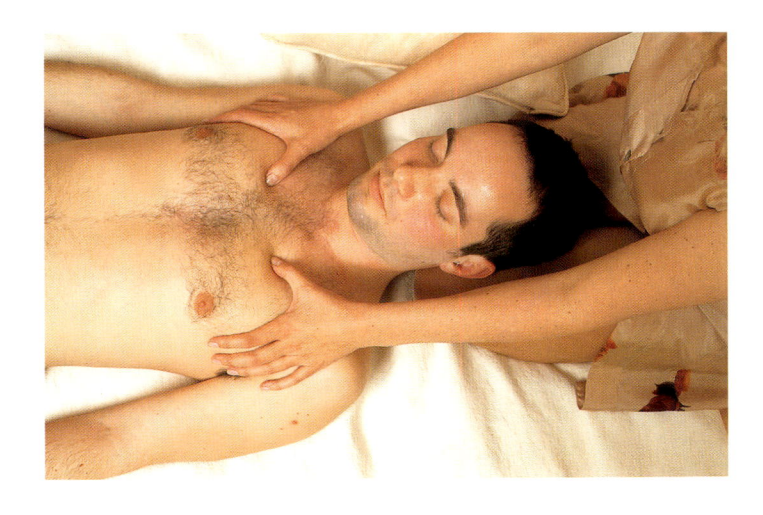

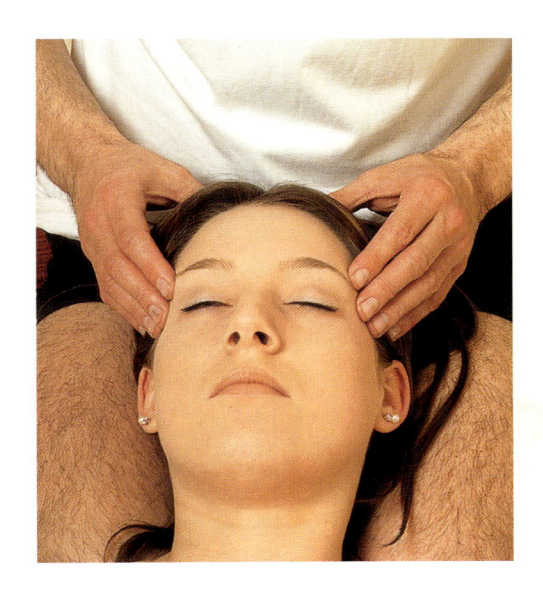

EL ABDOMEN

1. Entrando en contacto.
2. Movimientos circulares sobre el ombligo.
3. Caricias circulares.
4. Arrastre.
5. Amasar.
6. El toque final. Caricias circulares con la yema de los dedos.

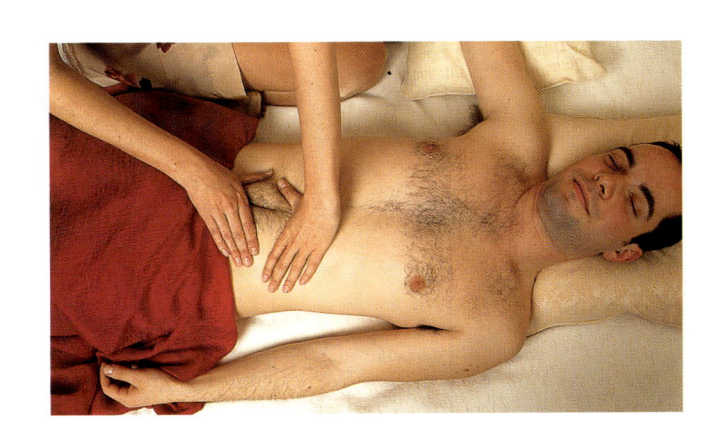

masajes sensuales para problemas comunes

El acto sexual debería ser valorado siempre como una bella experiencia. No obstante, pueden surgir problemas que interfieran con nuestro placer sexual. Este capítulo explora cómo el masaje sensual y las esencias florales pueden ayudarle a superar cualquier dificultad de forma que pueda disfrutar de su vida sexual a tope.

Mujeres

Tonificar el pecho

Las mujeres nunca están totalmente satisfechas con el tamaño de sus pechos y, desgraciadamente, para algunas se convierte en una obsesión. Normalmente las mujeres desean tener los pechos más grandes y la siguiente fórmula no aumenta el tamaño, pero sin duda ayuda a tonificar los pechos, dotándoles de una apariencia más atractiva.

Para 10 mililitros (dos cucharaditas) de aceite básico añadir:
1 gota de geranio
1 gota de hinojo
1 gota de salvia

O

Para 10 mililitros (dos cucharaditas) de aceite básico añadir:
1 gota de geranio
1 gota de esencia de pasto de camello
1 gota de rosa

Dé un masaje diario en cada pecho hacia fuera, en dirección a las axilas, y siempre con un movimiento circular. Notará las mejoras en un par de meses.

El geranio es un aceite excelente para ayudar a tonificar los pechos.

MASAJES SENSUALES PARA PROBLEMAS COMUNES

INFERTILIDAD

El masaje resulta muy apropiado para el tratamiento de la infertilidad en las mujeres. Obviamente, si existe un serio problema fisiológico es poco probable que los aceites esenciales puedan hacer algo. Sin embargo, muchas mujeres son incapaces de concebir sin ninguna razón aparente.

El masaje sensual es la solución perfecta para aliviar todo el estrés y la ansiedad que rodea la espera de un hijo.

El aceite esencial que parece tener un mayor éxito es el de esencia de rosas. Cualquiera de las fórmulas que aparecen a continuación pueden ayudar a la concepción.

Dé el masaje en la parte baja de la espalda (como se muestra en la foto) y en el abdomen diariamente. También debería emplearse como preludio del acto sexual en el momento oportuno de la ovulación.

Para 10 mililitros (dos cucharaditas) de aceite básico añadir:
1 gota de esencia de rosas
2 gotas de geranio

O

Para 10 mililitros (dos cucharaditas) de aceite básico añadir:
2 gotas de salvia
1 gota de melisa

Un masaje suave en la parte baja de la espalda es muy efectivo para ayudar a la fertilidad en las mujeres.

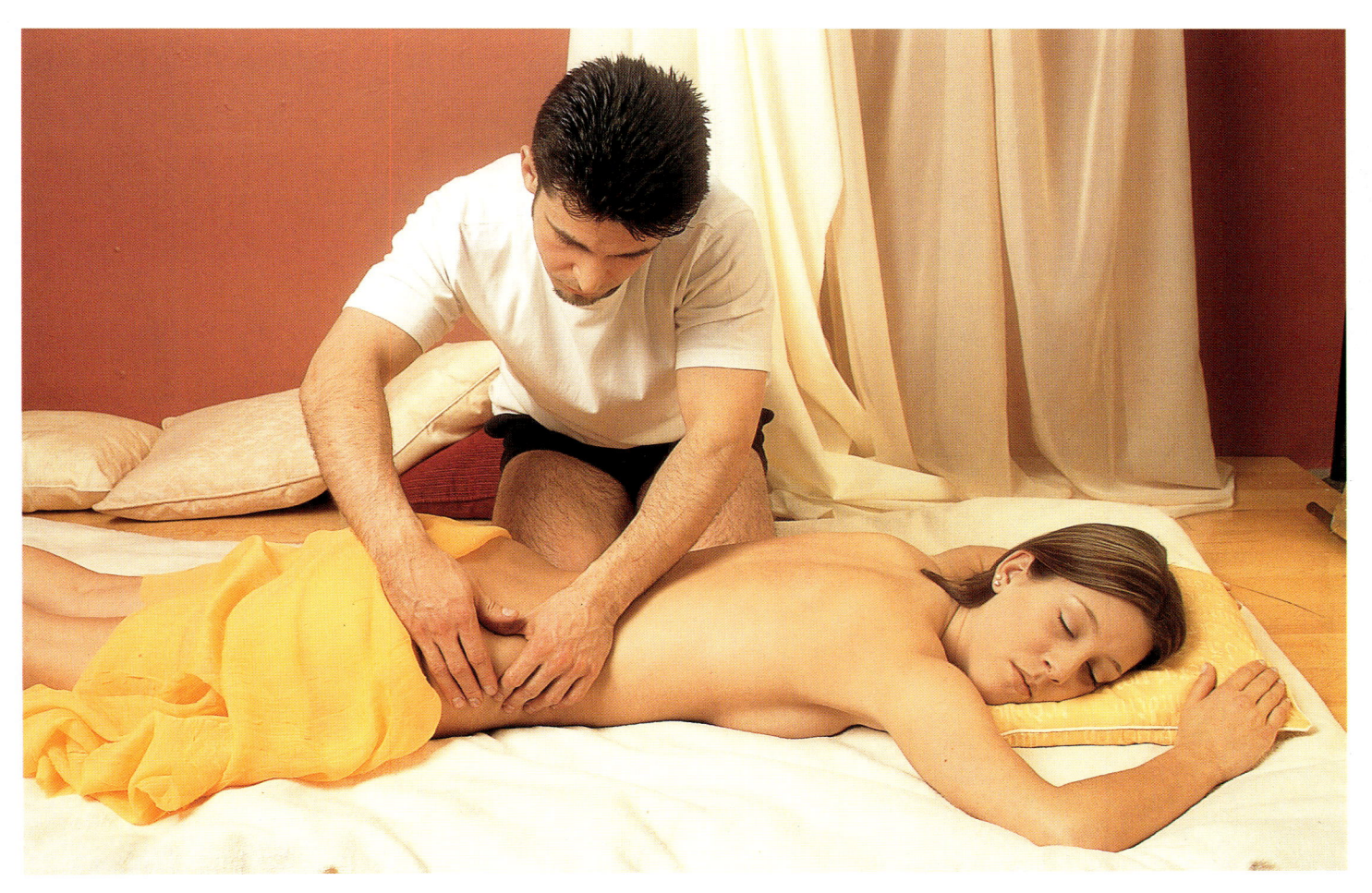

MASAJES SENSUALES PARA PROBLEMAS COMUNES

BAJO APETITO SEXUAL

Bien para incrementar su libido o bien porque tenga aversión al sexo, puede beneficiarse del masaje sensual. La ansiedad y el cansancio debidos a las presiones del trabajo y las preocupaciones de la familia y el dinero pueden reducir la energía sexual de cualquier mujer. Las mujeres que están aburridas o insatisfechas también tendrán un apetito sexual pobre.

El masaje sensual por sí solo puede estimular la libido pero cuando se combina con uno o varios de los aceites eróticos resulta más poderoso. Recuerde que los aromas que más le gusten resultarán particularmente efectivos, Algunos de los aceites más efectivos para aumentar el deseo en las mujeres son el bergamoto, la salvia, el incienso, el jazmín, el mirto, el neroli, el pachulí, la rosa, el palisandro y el ilang-ilang.

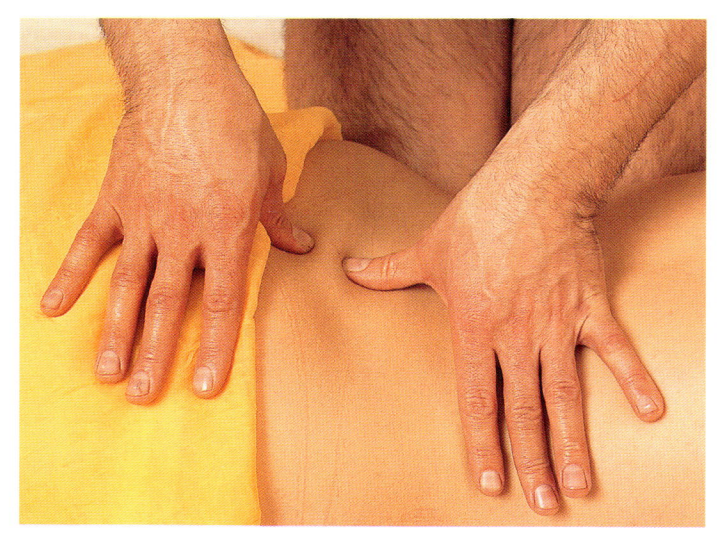

Cualquiera de los aceites eróticos puede emplearse a diario en el baño. Las siguientes mezclas deberían aplicarse al menos durante dos semanas, prestando una particular atención a los muslos, el abdomen, la parte inferior de la espalda y las nalgas, para asegurarse de que todos los puntos responsables de despertar el deseo sexual han sido estimulados.

Para 10 mililitros (dos cucharaditas) de aceite básico añadir:
2 gotas de bergamoto
1 gota de neroli

o

Para 10 mililitros (dos cucharaditas) de aceite básico añadir:
2 gotas de mirto
1 gota de rosa

El mirto y el ilang-ilang son sólo dos de los aceites esenciales empleados para aumentar la libido.

Para mejorar un apetito sexual bajo, masajee los puntos que despiertan el deseo sexual, como los situados en la parte inferior de la espalda y las nalgas. Observará la efectividad del tratamiento.

MASAJES SENSUALES PARA PROBLEMAS COMUNES

SEQUEDAD VAGINAL

La falta de secreción vaginal puede hacer el sexo incómodo o incluso imposible. Normalmente no tiene nada que ver con que la mujer no encuentre a su pareja atractiva. La ansiedad, la menopausia o la píldora anticonceptiva pueden ser, con mayor probabilidad, los responsables.

Antes de hacer el amor, puede aplicarse una pequeña cantidad de aceite básico de jojoba a la vagina como solución temporal. Sin embargo, los baños diarios o los masajes regulares con una de las siguientes fórmulas tendrán un efecto más duradero.

Para el baño:
3 gotas de salvia
2 gotas de geranio
1 gota de rosa

O

1 gota de melisa
2 gotas de neroli
3 gotas de palisandro

Para el masaje:
Para 10 mililitros (dos cucharaditas) de aceite básico añadir:
1 gota de geranio
1 gota de neroli
1 gota de palisandro

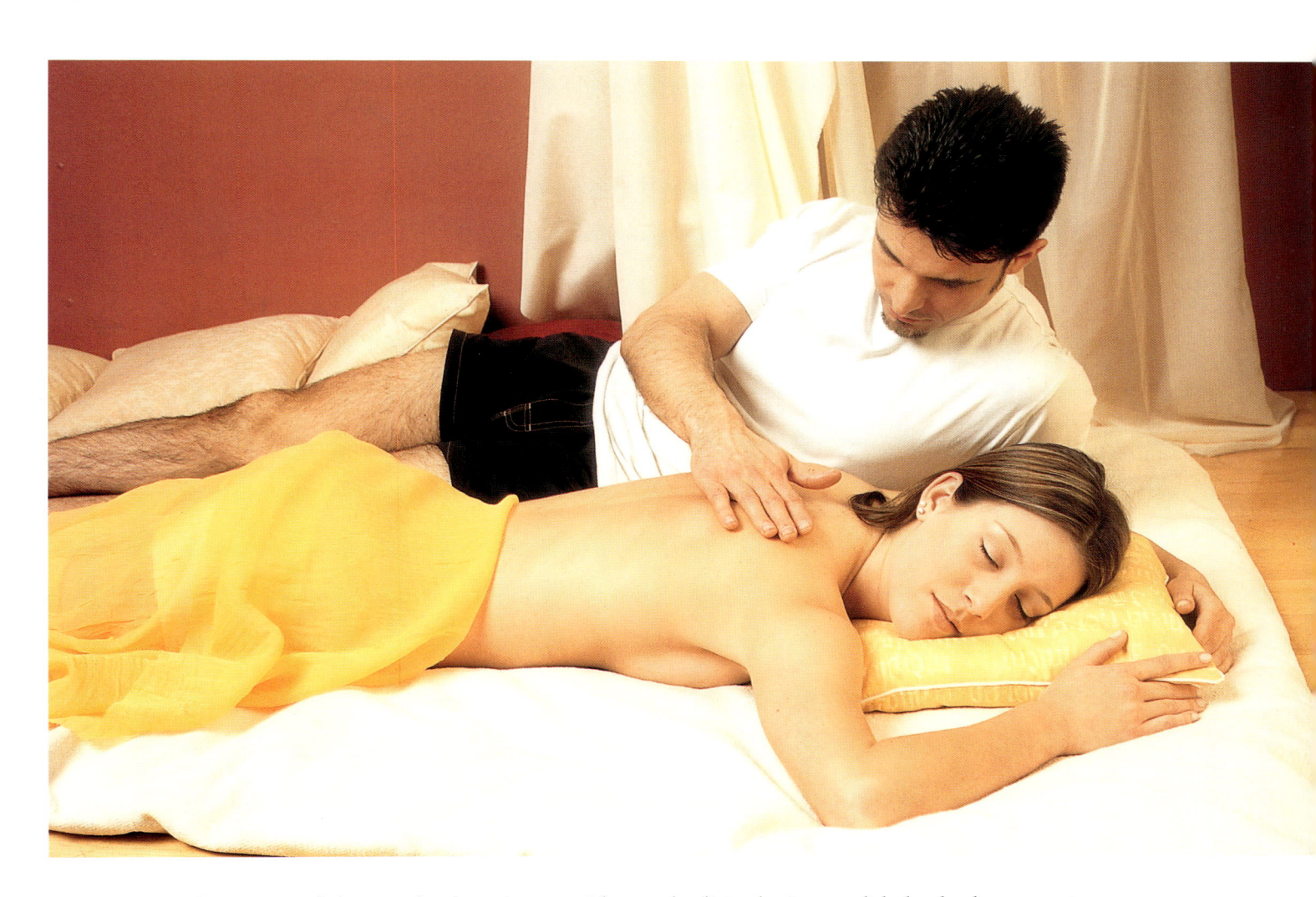

Un masaje regular con una de las mezclas de aceites sugeridas puede aliviar las incomodidades de algunas mujeres.

105

Masajes sensuales para problemas comunes

Hombres

Impotencia

Aunque los fármacos como el Viagra pueden mejorar su vida sexual, obviamente tendrá que considerar los efectos secundarios. El masaje sensual ofrece una alternativa natural para mejorar el deseo sexual masculino.

La impotencia es el desorden sexual más común en el hombre y afecta a un gran número de ellos, a menudo temporalmente, en ciertos momentos de sus vidas. Los factores psicológicos como el estrés, la falta de confianza, la culpa o la depresión pueden llevar a la impotencia. Las enfermedades físicas, como la diabetes, pueden también ser la causa, al igual que varios fármacos antidepresivos, diuréticos y pastillas para la presión sanguínea.

Se recomienda un baño diario con uno de los aceites esenciales eróticos. Los más apropiados son la pimienta negra, el cedro blanco, la salvia, el incienso, el jengibre, el jazmín, el neroli, la rosa, el sándalo y el ilang-ilang.

El masaje sensual del abdomen, los muslos y la espalda también resultará muy útil, con particular atención a los puntos de estimulación sexual. No espere resultados inmediatos, puede llevar dos semanas o dos meses.

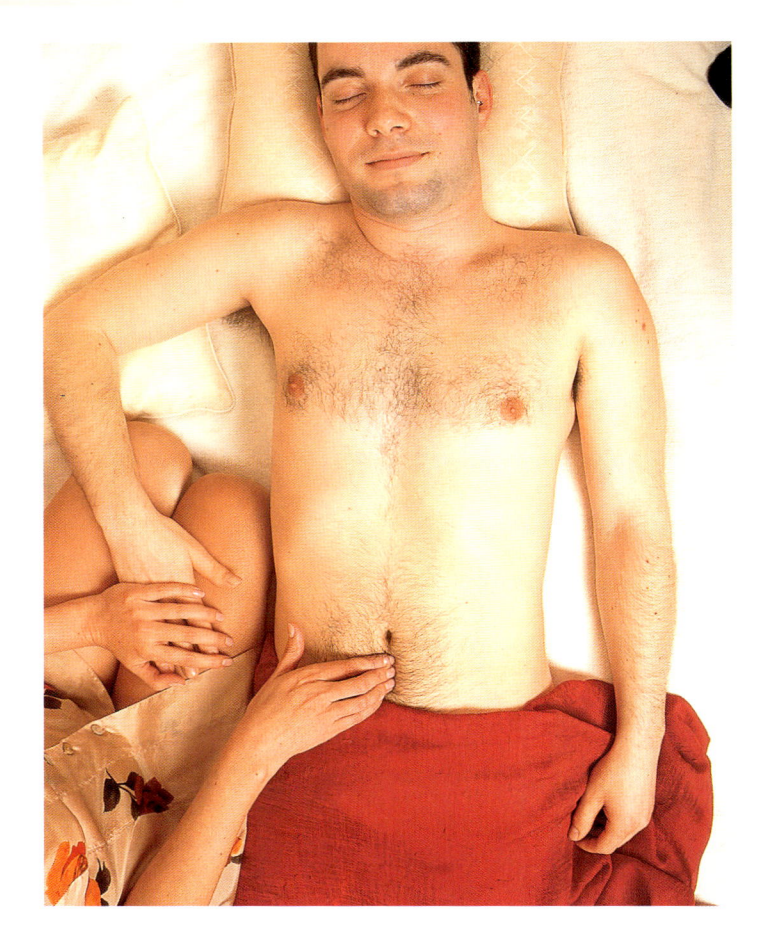

El masaje de los puntos de estimulación sexual, como los que se encuentran en el abdomen, puede tratar la impotencia.

Para 10 mililitros (dos cucharaditas) de aceite básico añadir:
1 gota de pimienta negra
1 gota de cedro blanco
1 gota de jengibre

O

Para 10 mililitros (dos cucharaditas) de aceite básico añadir:
1 gota de neroli
1 gota de jengibre
1 gota de sándalo

Otra forma de mejorar el apetito sexual masculino consiste en dar un masaje sensual en los muslos.

MASAJES SENSUALES PARA PROBLEMAS COMUNES

BAJA CALIDAD EN EL ESPERMA

Tanto la calidad como la cantidad del esperma está disminuyendo, quizá ésta sea la causa de que la infertilidad masculina sea cada vez más común. En la actualidad, las deficiencias en el esperma son las responsables de un cuarto del total de los casos de infertilidad. Sin embargo, la fertilidad puede mejorar de las siguientes formas:

1. Existen varios aceites esenciales que pueden aumentar la calidad del esperma. Los más efectivos parecen ser el jazmín y la rosa. Prepare un aceite para masaje empleando dos gotas de jazmín y una gota de rosa por cada 10 mililitros (dos cucharaditas) de aceite básico. Preste particular atención a la zona inferior de la espalda y a los músculos inferiores del abdomen para estimular la producción de esperma.

2. La temperatura óptima para la producción de esperma es de 35°C, y si los testículos están expuestos a una temperatura demasiado caliente ésta puede verse afectada. Por tanto los hombres deben evitar la ropa interior apretada, los baños calientes y las saunas. También se dice que sumergir el escroto en agua fría dos veces al día durante al menos diez minutos aumenta la producción de esperma.

3. El tabaco puede disminuir la calidad y la cantidad del esperma, por lo que resulta imprescindible dejar de fumar.

4. Aquellos que abusen del alcohol tendrán una baja calidad en el esperma, de forma que no se aconseja exceder de 21 unidades a la semana.

5. Las dietas también juegan un papel importante. El consumo de más frutas y verduras (sobre todo orgánicas) es excelente, al igual que las vitaminas C y E y los minerales selenio, y en particular el cinc.

6. El estrés también es un factor que contribuye de forma negativa a la calidad del semen. Un masaje sensual al menos dos veces por semana puede reducir este problema de forma significativa.

El jazmín y la rosa parecen ser los aceites más efectivos para tratar la baja calidad del esperma.

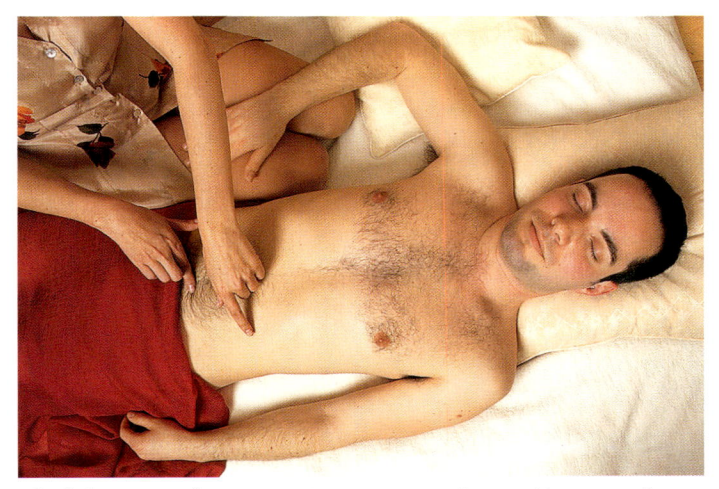

El abdomen inferior contiene puntos de presión sexual que pueden ser estimulados para incrementar la calidad del esperma.

La dieta también juega un papel muy importante en el mantenimiento de la fertilidad masculina. Asegúrese de que come regularmente mucha fruta fresca.

remedios florales

Las esencias florales pueden ayudarnos a liberar todo nuestro potencial y resolver nuestras dificultades en el sexo. Estos remedios provienen de todos los rincones del globo y proporcionan una forma excelente de equilibrar mente, cuerpo y espíritu. Estos remedios que se describen a continuación pueden ayudarle a superar diferentes dificultades sexuales.

Al igual que los aceites esenciales descritos en este libro, existe una gran variedad de remedios florales de todo el mundo que pueden emplearse para tratar y aliviar problemas y achaques.

Mezclando un remedio floral

Necesitará una botella con cuentagotas de 30 ml, agua de manantial y un poco de brandy. Rellene la botella casi hasta arriba con el agua de manantial y añada una cucharada de brandy para conservar su remedio. Si lo prefiere, puede emplear vinagre de manzana como sustituto del brandy. Ponga dos gotas de cada una de las esencias escogidas en la botella.

Con qué frecuencia debe administrarse un remedio floral

Tome siete gotas tres veces al día, directamente en la lengua o en un vaso de agua, zumo o té de hierbas. El remedio debe administrarse de diez a catorce días. En casos crónicos puede ser necesario tomarlo durante un período más largo.

Las esencias de Australia

Los aborígenes australianos han empleado las flores durante cientos de años para curar los problemas emocionales y físicos. Australia posee el mayor y más antiguo número de plantas con flores. También es uno de los continentes menos contaminados.

Mentastro
Útil para combatir la repugnancia ante el sexo o el disgusto con uno mismo. Este remedio le permitirá relajarse y disfrutar del sexo.

Flor del hinojo
Para aquellos a quienes no les gusta que se les toque, en particular para los varones. La flor del hinojo estimula la sensibilidad y la sensualidad.

Pino australiano
Para combatir la infertilidad, particularmente si no existe razón aparente.

Glicinia
Para aquellas mujeres que temen la intimidad y padecen frigidez. Sus miedos pueden provenir de abusos sexuales. Este remedio estimula una relación sexual satisfactoria.

Las esencias de Europa. Las flores de Bach

REMEDIOS FLORALES

Manzano silvestre
Para el descontento con uno mismo. Este remedio ayuda a combatir traumas del pasado, como, por ejemplo, el abuso sexual.

Alerce europeo
Para mejorar la confianza y eliminar sentimientos de inadaptación. Excelente en problemas como la eyaculación precoz, la impotencia y la frigidez.

Olivo
Para el cansancio y el agotamiento. Este remedio ayuda a estimular la libido.

Mímulus amarillo
Para el miedo al fracaso, por ejemplo, el temor ante la eyaculación precoz, el miedo al sexo y a la intimidad, etc.

Castaño de Indias blanco
Para cualquier preocupación sexual que pase por la mente.

LAS ESENCIAS DE LA INDIA

Xylocarpus granatum
Para la frigidez en las mujeres que son muy temerosas del sexo.

Ixora
Para las parejas que han perdido el interés sexual entre sí. Este remedio mejorará la actividad sexual.

Meenalih
Para aquellos que intenten reprimir su sexualidad debido a una educación en la que se identificaba sexo y pecado.

Rippy Hillox
Para aquellos temerosos del sexo debido a una experiencia traumática en el pasado; por ejemplo, una violación.

Loto
Para cualquiera que se sienta inhibido ante el sexo.

LAS ESENCIAS DE NORTEAMÉRICA

Rudbeckia hirta o R. serotina
Para aquellos que tienen experiencias sexuales traumáticas reprimidas como la violación o el incesto.

Azucena
Para aquellos que consideran que el sexo es impuro y sucio.

Hibisco
Para las mujeres que no responden al sexo, a menudo debido a abusos sexuales en el pasado.

Mímulo
Para aquellos que tengan miedo a la intimidad sexual.

LAS ESENCIAS FLORALES DE HAWAI

Alismatácea del Amazonas *(Echinodorus intermedius)*
Para aquellos que necesitan romper sus barreras emocionales.

Aguacate
Para aquellos que tienen miedo de que les toquen. Este remedio estimula la relajación y el placer sexual.

Lirio de día
Para aquellos que tienen una actitud mental negativa hacia el sexo debido a sentimientos de miedo, culpa e inadaptación. Este remedio estimula la satisfacción sexual.

Lehua
Para aumentar la sensualidad tanto en hombres como en mujeres.

Lirio nocturno
Para el desarrollo y el enriquecimiento de la relación sexual.

Narciso
Para los hombres que temen las relaciones con las mujeres.

Puede añadir una gota de su esencia floral escogida a la mezcla para masajes ayudando a aliviar los problemas sexuales.

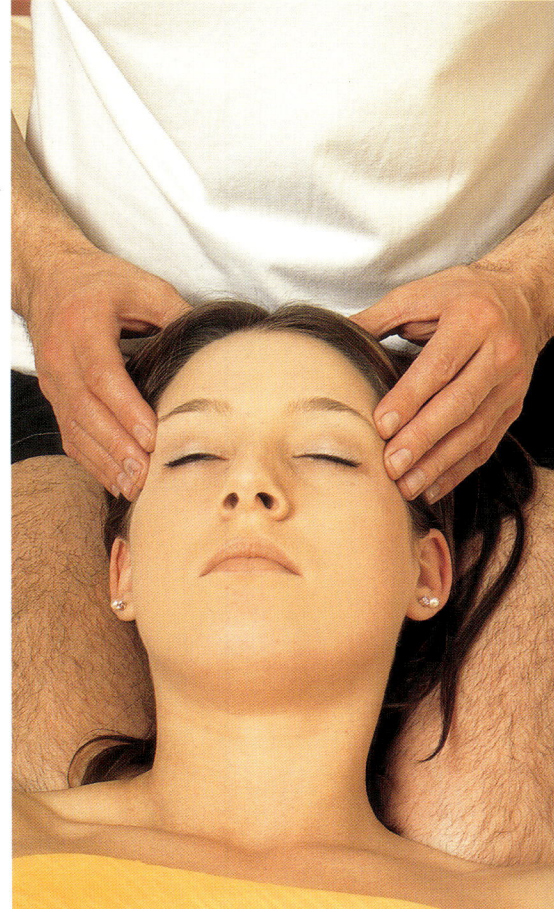

conclusión

Usted y su pareja deberían haber descubierto a estas alturas los placeres tanto de dar como de recibir un masaje sensual y la experiencia habrá traído armonía, placer y satisfacción a su vida amorosa. Probablemente habrá creado ya sus propios movimientos especiales para masaje y habrá desarrollado su propia poción amorosa.

El sexo practicado de forma regular es una parte muy importante de una relación a largo plazo. Un estudio de diez años llevado a cabo por el doctor Weeks, un especialista en neuropsicología del Hospital de Edimburgo, revela que las parejas que tienen relaciones sexuales al menos tres veces a la semana parecen diez años más jóvenes. El doctor Weeks entrevistó a más de 3.500 personas entre 18 y 102 años en Gran Bretaña, Europa y los Estados Unidos, que mantenían relaciones estables para alcanzar sus conclusiones. Por tanto, si practica un masaje sensual regularmente no sólo supondrá un gran placer sino que también será excelente para su salud y le hará parecer más joven.

Tanto dar como recibir un masaje sensual resulta una experiencia muy erótica para usted y para su pareja. Se sentirán relajados y felices de estar juntos en la intimidad.

Direcciones útiles:
Reino Unido
Denise Whichello Brown
Escuela Beaumont de Medicina Natural
23 Hinton Road, Bournemouth
Dorset BH 2EF
(44)0202 708887

Estados Unidos
Asociación Norteamericana de Terapia a través del Masaje
820 David Street
Suite 00
Evanston IL6020-4444
847/864-023

índice

Abdomen, 104, 106, 107
Abdominal, masaje, 81-4, 101, 106, 107
Aceite de bebés, 15
Aceite, aplicación del, 33 -*véase* técnicas de masaje
Aceites básicos, 15, 16, 17, 31, 33, 102, 103, 105
Aceites esenciales, 11, 16, 17, 18, 19, 20, 23, 24, 25, 26, 28, 29, 31
Aceites minerales, 15
Afrodisiacos, 19, 28
Aguacate, aceite de, 15, 16
Albaricoque, aceite de núcleo de, 16
Almendras, aceite de 15, 16
Ambiente, 9
Aytar, 31

Baja calidad del esperma, 107
Baños, 17, 104, 105
Beneficios del masaje sensual, 6, 8, 110
Bergamoto (*citrus bergamia*), 11, 22, 104
Brazo, 85-7, 100

Caricias con presión, 47, 92, 97
    Con el borde de la mano, 49
    Con pulgares, 47, 61, 66, 80
Cedro blanco (*cedrus atlantica*), 20, 106
Circulares, caricias 65, 66
Concentración, 12
Contraindicaciones, 14
Cuello, 65, 67, 91-3, 101
Cuidado de la piel, 18, 19, 21, 24, 25, 27, 28, 29, 31

Egipto, 7
Espalda, masaje en la 35-50, 52-70, 99, 104
Espina dorsal, 40, 61
Estirando la espalda, 56, 57

Fricción, -*véase* caricias con presión

Geranio (*pelargonium odorantissimum*), 11, 25, 102, 103, 105
Germen de trigo, 15, 16
Grecia, 7
Griegos, dioses, 7

Hombros, 38, 44, 48, 65, 66, 67

Ilang-ilang (*canaga odorata*), 11, 19, 104, 106
Impotencia, 23, 26, 27, 31, 106, 108
Incienso (*boswellia thurifera*), 18, 104, 106
Infecciones, 14, 17, 18, 20, 22, 27, 31
Infertilidad, 23, 25, 29, 103, 107, 108

Jazmín (*jasmine officinale*), 11, 23, 104, 106, 107
Jengibre (*zingiber officinalis*), 32, 106
Jojoba, 16, 105

Kama Sutra, 7, 24

Libido, 23, 104

Mano, 33, 88-90, 100
Mirto (*myrtus communis*), 24, 104
Muslos, 44, 49, 74, 79, 104, 106

Nalgas, 38, 39, 43, 44, 49, 50, 63, 64, 104
Neroli (neroli, *citrus aurantium*), 11, 21, 104, 105, 106
Nuez, aceite de 15

Orejas, 98

Pachuli (*pogostemon patchouli*), 27, 104
Palisandro (*aniba rosaedora/centifolia*), 11, 28

ÍNDICE

Pecho, 49, 91, 101
Perfume, 11, 17
Pie, masajes en el 75-8
Pierna, masaje en la 71-4, 75, 79, 99
Pies, 75, 76, 78
Pimienta negra (*piper nigron*), 26, 106
Puntos para despertar el deseo sexual, 47, 63, 64, 80, 81, 104, 106

Quemadores, 11

Remedios florales, 108-9
Romanos, dioses, 7
Ropa, 12
Rosa, 7, 11, 28, 29, 31, 102, 104, 105, 107
Rostro, 94-7, 101

Salvia romana (*salvia sclarea*), 30, 102, 103, 104, 105, 106
Sándalo (*santalum album*) 11, 31, 104, 105, 106
Sequedad vaginal, 105
Sésamo, aceite de 15
Superficie para el masaje, la 13

Técnicas de masaje, 33, 35, 85, 99
   Amasar, 44, 59, 63, 67, 76, 79, 86
   Arrastre, 45, 58, 82
   Caricias circulares, 37, 38, 55, 63, 80, 82, 83
   Caricias con el dorso de la mano, 43, 70
   Caricias con la punta de los dedos, 39, 40, 70, 74, 80, 96
   Caricias de gato, 41, 69
   Caricias diagonales, 42, 69
   Caricias largas, 36, 53, 54, 69, 71, 79
   Con nudillos, 49, 64, 73, 92
   Empuje, 46, 62
   Pellizcos, 50, 64, 74
   Retorcer, 44
   Véase también: caricias con presión
Tonificar el pecho, 102

Velas, 10
Vitaminas, 15
   C, 107
   Cinc, 107
   E, 15, 16, 107
   Selenio, 107

Créditos Fotografía:
Archivo Quarto Publishing, E.T.,
Agencia Fotográfica ACE

El resto de las fotografías copyright Quantum Books Ltd.
Muchas gracias a los modelos:
Adam, Paula y Bruno.